Die UN-Kinderrechtskonvention

Regelwerk zum Schutz
der Kinder weltweit

In Zusammenarbeit
mit Sofiyah Demiri

Copyright© **Books4NiuBees** Verlag, Augsburg

#books4niubees

2024

Inhaltsverzeichnis

Vorwort 4
Teil I 6

Artikel 1: Was ist ein Kind? 7
Artikel 2: Achtung der Rechte von Kindern und Fairness für alle 8
Artikel 3: Wohl des Kindes 9
Artikel 4: Deine Rechte in die Tat umsetzen 10
Artikel 5: Die Rechte der Eltern respektieren 11
Artikel 6: Dein Recht auf Leben 12
Artikel 7: Dein Name, deine Staatsangehörigkeit und deine Familie 13
Artikel 8: Deine Identität ist wichtig! 14
Artikel 9: Trennung von deinen Eltern und Kontakt zu ihnen 15
Artikel 10: Zusammen mit der Familie sein und Kontakt zu beiden Eltern haben 17
Artikel 11: Wenn Kinder nicht einfach ins Ausland gebracht werden dürfen 19
Artikel 12: Deine Meinung zählt! 21
Artikel 13: Deine Freiheit zu denken und zu sprechen 22
Artikel 14: Du darfst denken, was du willst! 24
Artikel 15: Gemeinsam stark sein! 26
Artikel 16: Deine Privatsphäre und Ehre sind wichtig! 28
Artikel 17: Medien und Schutz für Kinder 29
Artikel 18: Verantwortung für dein Wohlbefinden 31
Artikel 19: Schutz vor Gewalt und Misshandlung 32
Artikel 20: Kinder, die von ihrer Familie getrennt leben 34
Artikel 21: Adoption 36
Artikel 22: Kinder auf der Flucht 38
Artikel 23: Förderung behinderter Kinder 39
Artikel 24: Gesundheitsvorsorge 41
Artikel 25: Unterbringung 43
Artikel 26: Hilfe für Kinder, wenn es der Familie nicht gut geht 44
Artikel 27: Hilfe für Kinder, damit sie gut leben können 45

Artikel 28: Das Recht auf Bildung und Schule	47
Artikel 29: Bildung und was sie dir bringen soll	49
Artikel 30: Minderheitenschutz	51
Artikel 31: Recht auf Freizeit und Kultur	53
Artikel 32: Schutz vor schlechter Arbeit	55
Artikel 33: Schutz vor gefährlichen Drogen	56
Artikel 34: Schutz vor sexuellem Missbrauch	57
Artikel 35: Schutz vor Entführung und Kinderhandel	58
Artikel 36: Schutz vor Ausnutzung	59
Artikel 37: Schutz vor schlimmen Strafen	60
Artikel 38: Schutz für Kinder im Krieg	61
Artikel 39: Gesund werden und wieder gut in die Gemeinschaft kommen	62
Artikel 40: Wie man mit Kindern umgeht, die etwas Falsches gemacht haben	63
Artikel 41: Noch bessere Regeln für Kinder	65

Teil II   66

Artikel 42: Alle sollen es wissen!	67
Artikel 43: Ein besonderer Ausschuss für die Rechte der Kinder	68
Artikel 44: Das Abgeben von Berichten	70
Artikel 45: Mitwirkung anderer Organe der Vereinten Nationen	72

Teil III   74

Artikel 46: Unterzeichnung	75
Artikel 47: Ratifikation	77
Artikel 48: Beitritt	79
Artikel 49: Inkrafttreten	81
Artikel 50: Änderungen	83
Artikel 51: Vorbehalte	85
Artikel 52: Kündigung	87
Artikel 53: Verwahrung	88
Artikel 54: Urschrift, verbindlicher Wortlaut	89

Vorwort

Hallo, lieber kleiner Entdecker!

Ich freue mich riesig, dass du dieses Buch über die UN-Kinderrechtskonvention in deinen Händen hältst! Das Thema ist wirklich wichtig, und ich möchte dir erzählen, warum.

Die UN-Kinderrechtskonvention ist wie eine riesige, bunte Sammlung von Regeln, die dafür sorgen, dass Kinder auf der ganzen Welt gut behandelt werden. Sie wurde im Jahr 1989 von den Vereinten Nationen (UN) verabschiedet, was bedeutet, dass fast alle Länder der Welt sich darauf geeinigt haben, dass Kinder besondere Rechte haben. Das ist schon ganz schön lange her, oder? Und seitdem haben viele Menschen hart daran gearbeitet, diese Rechte in ihren Ländern umzusetzen.

Aber was genau sind diese Rechte? Die Kinderrechtskonvention sagt, dass jedes Kind das Recht hat, geliebt und respektiert zu werden. Jedes Kind hat das Recht, eine Familie zu haben, zur Schule zu gehen, gesund zu sein und sicher zu leben. Hast du gewusst, dass es 54 Artikel gibt, die all diese Rechte beschreiben? Jeder Artikel ist wie ein kleiner Schatz, der erklärt, wie wichtig es ist, Kinder zu schützen und ihnen zu helfen.

Ein weiterer spannender Fakt ist, dass diese Rechte nicht nur für Kinder in reichen Ländern gelten. Sie sind für jedes Kind auf der Welt wichtig, egal ob du in einem großen, bunten Haus oder in einem kleinen Dorf lebst. Diese Rechte helfen allen Kindern, unabhängig von ihrer Hautfarbe, ihrer Sprache oder ihrer Kultur.

In diesem Buch wirst du viele Geschichten und Informationen entdecken, die dir zeigen, wie die Kinderrechte in verschiedenen Ländern umgesetzt werden. Du wirst lernen, wie die Menschen zusammenarbeiten, um sicherzustellen, dass jedes Kind glücklich und sicher aufwachsen kann.

Das Wichtigste ist, dass du verstehst, dass du auch eine Stimme hast! Du kannst für dich selbst und deine Freunde eintreten, wenn du das Gefühl hast, dass etwas nicht richtig ist. Denn jeder von uns kann helfen, die Welt ein Stück besser zu machen.

Also mach es dir gemütlich, schnapp dir vielleicht deine Lieblingsdecke oder dein Kuscheltier und lass uns gemeinsam in die faszinierende Welt der Kinderrechte eintauchen! Du wirst viele spannende Dinge entdecken und vielleicht sogar neue Ideen bekommen, wie du anderen Kindern helfen kannst.

Ich hoffe, du hast viel Spaß beim Lesen und Lernen!

Teil I

Artikel 1: Was ist ein Kind?

Stell dir vor, wir haben ein ganz besonderes Abkommen, das heißt, es ist eine wichtige Vereinbarung, damit alle Kinder gut behandelt werden. In diesem Abkommen steht, was wir unter einem Kind verstehen.

Also, wenn wir sagen „ein Kind", dann meinen wir jeden Menschen, der noch nicht 18 Jahre alt ist. Das bedeutet, wenn du Geburtstag hast und erst 17 Jahre alt bist, bist du noch ein Kind. Du bist ein Kind, bis du deinen 18. Geburtstag feierst!

Jetzt gibt es noch etwas zu beachten: In verschiedenen Ländern können die Regeln ein bisschen anders sein. Manchmal werden Menschen schon mit 16 oder 17 Jahren als Erwachsene angesehen. Aber in unserem Abkommen sagen wir, dass du immer noch ein Kind bist, bis du 18 Jahre alt bist, egal wo du bist.

Artikel 2: Achtung der Rechte von Kindern und Fairness für alle

Hallo, kleiner Freund! Lass uns über etwas ganz Wichtiges reden, das dir und allen anderen Kindern hilft, gut behandelt zu werden. Es geht darum, dass alle Kinder Rechte haben, die respektiert werden müssen. Das steht in einem besonderen Abkommen.

(1) Wenn wir von Rechten sprechen, dann meinen wir, dass du Dinge hast, die dir zustehen, und die Erwachsenen darauf achten müssen. Egal, wer du bist – ob du eine andere Hautfarbe hast, ob du ein Junge oder ein Mädchen bist, welche Sprache du sprichst oder woran du glaubst – deine Rechte sind wichtig! Du sollst nicht anders behandelt werden, nur weil du vielleicht aus einer anderen Familie kommst oder etwas anders bist als andere Kinder. Das bedeutet, alle Kinder auf der Welt sind gleich viel wert, und niemand darf sagen: „Du bist nicht so wichtig wie ich!"

(2) Jetzt kommt noch etwas ganz Wichtiges dazu: Die Länder müssen sicherstellen, dass du nicht unfair behandelt wirst. Das heißt, niemand darf dich ärgern oder bestrafen, nur weil deine Eltern oder deine Familie anders denken oder etwas anderes tun. Wenn deine Eltern eine andere Meinung haben oder wenn sie anders leben, bedeutet das nicht, dass du dafür schlecht behandelt werden solltest. Jeder sollte dich so akzeptieren, wie du bist, und es ist wichtig, dass du in einer Umgebung bist, wo du dich sicher und wohlfühlen kannst.

Zusammengefasst: Deine Rechte sind wichtig, und es ist ganz egal, wer du bist oder woher du kommst. Jeder Mensch muss respektiert werden, und du hast das Recht, fair behandelt zu werden. Du darfst stolz darauf sein, du selbst zu sein, und alle Erwachsenen sollten dafür sorgen, dass es dir gut geht!

Artikel 3: Wohl des Kindes

Jetzt wollen wir darüber sprechen, wie wichtig es ist, dass bei allem, was mit dir und anderen Kindern zu tun hat, immer das Beste für euch im Vordergrund steht. Das nennt man „Wohl des Kindes". Lass uns mal genauer anschauen, was das bedeutet:

(1) Das Beste für jedes Kind: Wenn große Entscheidungen getroffen werden, die Kinder betreffen, sei es von Schulen, von den Eltern oder sogar von Richtern und anderen wichtigen Leuten, dann müssen sie immer daran denken, was für die Kinder das Beste ist. Das heißt, dass man überlegen muss, wie man Kinder glücklich und gesund machen kann. Egal, wo du bist oder wer die Entscheidung trifft, es ist wichtig, dass man immer an dein Wohl denkt.

(2) Schutz und Fürsorge: Es ist ganz wichtig, dass du als Kind immer gut geschützt und umsorgt wirst. Deine Eltern, dein Vormund oder andere Erwachsene, die für dich verantwortlich sind, sollen dafür sorgen, dass du alles hast, was du brauchst, um glücklich und gesund aufzuwachsen. Dazu gehört auch, dass sie sich um dich kümmern, dir Liebe geben und dir helfen, wenn du mal traurig oder krank bist.

(3) Gute Einrichtungen und Menschen: Wenn es um die Orte geht, an denen du lebst, spielst oder lernst, müssen diese Orte sicher und gesund für dich sein. Die Leute, die dort arbeiten, sollen gut ausgebildet sein, damit sie wissen, wie sie mit dir und anderen Kindern umgehen müssen. Außerdem sollten immer genug Erwachsene da sein, die auf die Kinder aufpassen können. Es ist wichtig, dass du dich wohlfühlst und dass du weißt, dass du immer gut betreut wirst.

Das Wohl des Kindes bedeutet also, dass alle Erwachsenen, die Entscheidungen treffen, immer daran denken müssen, wie sie dafür sorgen können, dass es dir und anderen Kindern gut geht. Sie sollen sich um deine Sicherheit kümmern und dir alles geben, was du brauchst, um glücklich und gesund aufzuwachsen. Du bist wichtig, und dein Wohl steht immer an erster Stelle!

Artikel 4: Deine Rechte in die Tat umsetzen

Hey, mein kleiner Freund! Lass uns darüber sprechen, wie wichtig es ist, dass deine Rechte nicht nur auf Papier stehen, sondern auch wirklich umgesetzt werden. Es gibt ein besonderes Abkommen, das besagt, dass jedes Kind Rechte hat, und die Länder müssen alles tun, damit diese Rechte auch wahr werden.

Die Erwachsenen in den Ländern, die dieses Abkommen unterschrieben haben, müssen sicherstellen, dass sie alles Mögliche tun, damit deine Rechte Wirklichkeit werden. Das bedeutet, sie müssen Gesetze machen, Regeln aufstellen und dafür sorgen, dass alles, was in diesem Abkommen steht, auch wirklich passiert. Sie müssen sich dafür einsetzen, dass du die Unterstützung bekommst, die du brauchst, damit du glücklich und gesund aufwachsen kannst.

Jetzt gibt es da noch etwas, das sehr wichtig ist: Wenn es um Dinge wie Geld, soziale Unterstützung oder Kultur geht, müssen die Länder das Beste aus dem machen, was sie haben. Das heißt, sie sollten ihre Ressourcen – also das, was ihnen zur Verfügung steht – klug nutzen, damit auch wirklich viele Kinder Hilfe bekommen. Manchmal arbeiten Länder auch zusammen, um sich gegenseitig zu unterstützen, damit die Kinder überall auf der Welt die Hilfe bekommen, die sie brauchen.

Zusammengefasst: Die Länder müssen sich wirklich anstrengen, damit deine Rechte umgesetzt werden. Sie müssen dafür sorgen, dass du alles bekommst, was du brauchst, um gut aufzuwachsen. Es ist wichtig, dass du weißt, dass deine Rechte nicht nur wichtig sind, sondern auch in die Tat umgesetzt werden müssen! Du bist wichtig, und deine Rechte zählen!

Artikel 5: Die Rechte der Eltern respektieren

Hey du! Lass uns über einen sehr wichtigen Punkt sprechen, der sich um dich und deine Familie dreht. In einem besonderen Abkommen steht, dass die Rechte und Pflichten deiner Eltern ganz wichtig sind. Das bedeutet, dass die Erwachsenen in deinem Leben, wie deine Mama, dein Papa, oder auch andere Familienmitglieder, eine besondere Aufgabe haben.

Was bedeutet das genau? Deine Eltern und die Menschen, die sich um dich kümmern, haben die Aufgabe, dir zu helfen, damit du die Rechte, die du als Kind hast, auch gut ausüben kannst. Sie sind wie deine Guides oder Lehrer! Sie wissen am besten, was für dich wichtig ist und wie sie dich unterstützen können, damit du zu einem glücklichen und gesunden Menschen heranwächst.

Das Abkommen sagt auch, dass deine Eltern das Recht haben, dich in deiner Entwicklung zu leiten. Das bedeutet, sie sollen dir zeigen, wie du Dinge lernen und erleben kannst, damit du immer besser wirst. Dabei müssen sie darauf achten, dass alles, was sie dir beibringen, zu deinem Alter und deinen Fähigkeiten passt. Sie dürfen dich nicht überfordern, sondern müssen dich sanft unterstützen, damit du alles gut verstehen kannst.

Und wenn du eine große Familie hast, dann können auch andere Familienmitglieder oder sogar Leute aus deiner Gemeinschaft helfen, dich zu leiten. Es ist schön, wenn viele Menschen sich um dich kümmern und dir helfen!

Zusammengefasst: Die Rechte deiner Eltern sind wichtig, weil sie dir helfen, deine eigenen Rechte zu leben. Sie sollen dich unterstützen und anleiten, damit du gut aufwachsen und alles lernen kannst, was du brauchst. Du bist nicht allein – deine Familie ist für dich da, um dir zu helfen und dich zu begleiten!

Artikel 6: Dein Recht auf Leben

Hallo, kleiner Freund! Lass uns über etwas ganz Wichtiges sprechen: dein Recht auf Leben. Das ist ein ganz besonderes Recht, das du einfach nur, weil du lebst, hast.

(1) In einem wichtigen Abkommen steht, dass jedes Kind ein Recht auf Leben hat. Das bedeutet, dass du das Recht hast, hier auf der Welt zu sein und zu leben! Jedes Kind, das geboren wird, hat dieses Recht – und das gilt für alle Kinder auf der ganzen Welt. Du bist wertvoll, und dein Leben ist etwas ganz Besonderes!

(2) Jetzt kommt noch etwas ganz Wichtiges dazu: Die Länder, in denen wir leben, müssen dafür sorgen, dass du gut überleben und dich entwickeln kannst. Das heißt, sie müssen alles Mögliche tun, damit du die Hilfe, die Nahrung, die Gesundheit und die Liebe bekommst, die du brauchst, um groß und stark zu werden.

Die Erwachsenen in den Ländern haben die Aufgabe, dafür zu sorgen, dass Kinder gut versorgt werden. Sie müssen sicherstellen, dass es genug zu essen gibt, dass du einen sicheren Ort zum Leben hast, und dass du gesund bleiben kannst. Es ist wichtig, dass du die Unterstützung bekommst, die du brauchst, um zu wachsen und die Welt um dich herum zu entdecken.

Zusammengefasst: Dein Recht auf Leben ist etwas ganz Wertvolles. Es ist wichtig, dass du hier bist und dass die Welt sich um dich kümmert. Du sollst die besten Möglichkeiten haben, um glücklich und gesund aufzuwachsen. Dein Leben ist wichtig, und jeder sollte dafür sorgen, dass es dir gut geht!

Artikel 7: Dein Name, deine Staatsangehörigkeit und deine Familie

Hey, Entdecker! Lass uns über etwas sehr Wichtiges reden: Was passiert, wenn du geboren wirst. Es gibt in einem besonderen Abkommen wichtige Regeln, die dafür sorgen, dass du von Anfang an alles hast, was du brauchst.

(1) Wenn ein Kind geboren wird, dann muss es ganz schnell in ein besonderes Buch eingetragen werden, das nennt man ein Geburtsregister. Das ist wie eine Liste, auf der steht, dass du da bist! Außerdem hast du von Geburt an das Recht auf einen Namen. Dein Name ist wichtig, weil er dich einzigartig macht.

Außerdem hast du auch das Recht, eine Staatsangehörigkeit zu bekommen. Das bedeutet, dass du zu einem bestimmten Land gehörst und die Menschen dort sich um dich kümmern sollten. Sie sorgen dafür, dass du ein Zuhause und Schutz hast.

Und weißt du was? Es ist auch wichtig, dass du, soweit es möglich ist, deine Eltern kennst. Du hast das Recht, zu wissen, wer deine Mama und dein Papa sind. Es ist schön, wenn du von ihnen betreut wirst, damit du die Liebe und Unterstützung bekommst, die du brauchst, um glücklich aufzuwachsen.

(2) Die Länder müssen dafür sorgen, dass all diese Dinge auch wirklich passieren. Das heißt, sie müssen dafür sorgen, dass du einen Namen bekommst, dass du eine Staatsangehörigkeit hast, und dass du deine Eltern kennst, wenn das möglich ist. Wenn ein Kind keine Staatsangehörigkeit hat, ist das sehr wichtig, denn dann kann es sich nicht sicher fühlen und nicht richtig leben.

Zusammengefasst: Wenn du geboren wirst, hast du das Recht auf einen Namen, eine Staatsangehörigkeit und die Möglichkeit, deine Eltern zu kennen. Das sind wichtige Dinge, die dafür sorgen, dass du ein glückliches und sicheres Leben führen kannst. Du bist wichtig, und die Welt sollte wissen, dass es dich gibt!

Artikel 8: Deine Identität ist wichtig!

Hallo, kleiner Freund! Heute möchte ich dir etwas über deine Identität erzählen. Das ist ein ganz wichtiges Thema, weil deine Identität dich einzigartig macht und zeigt, wer du bist.

(1) In einem besonderen Abkommen steht, dass jedes Kind das Recht hat, seine Identität zu behalten. Was bedeutet das genau? Nun, deine Identität umfasst viele Dinge, wie deinen Namen, deine Staatsangehörigkeit und deine Familie. Dein Name ist wichtig, weil er zeigt, wie du genannt wirst und dass du ein ganz besonderes Individuum bist.

Die Staatsangehörigkeit bedeutet, zu welchem Land du gehörst, und das hilft, dir einen Platz in der Welt zu geben. Außerdem sind auch deine Familienbeziehungen wichtig. Das bedeutet, dass die Menschen, die sich um dich kümmern, wie Mama und Papa oder andere Verwandte, Teil deiner Identität sind. Es ist wichtig, dass du all diese Dinge ohne unerlaubte Eingriffe behalten kannst. Das heißt, niemand darf einfach deine Identität ändern oder dir etwas davon wegnehmen!

(2) Jetzt stellen wir uns vor, dass es manchmal Situationen geben kann, in denen einem Kind einige oder alle Teile seiner Identität weggenommen werden. Das ist nicht gut, und deshalb sagen die Länder, dass sie alles tun müssen, um dir zu helfen, deine Identität zurückzubekommen. Wenn das passiert, bekommst du die Unterstützung und den Schutz, die du brauchst, um wieder zu dem Kind zu werden, das du bist. Die Erwachsenen müssen sicherstellen, dass du schnell wieder den Namen, die Staatsangehörigkeit und die Familienbeziehungen bekommst, die dir zustehen.

Zusammengefasst: Deine Identität ist ein wichtiger Teil von dir! Du hast das Recht, deinen Namen, deine Staatsangehörigkeit und deine Familie zu behalten. Wenn dir etwas davon weggenommen wird, haben die Länder die Verantwortung, dir zu helfen, damit du wieder ganz du selbst sein kannst. Du bist einzigartig, und es ist wichtig, dass du weißt, wer du bist!

Artikel 9: Trennung von deinen Eltern und Kontakt zu ihnen

Hey, kleiner Freund! Lass uns über ein ganz wichtiges Thema sprechen: Was passiert, wenn Kinder von ihren Eltern getrennt werden und wie wichtig es ist, dass du in Kontakt mit ihnen bleiben kannst.

(1) In einem besonderen Abkommen steht, dass du nicht einfach von deinen Eltern getrennt werden darfst, wenn du das nicht möchtest. Nur wenn es wirklich notwendig ist, dürfen die Erwachsenen das entscheiden. Zum Beispiel, wenn ein Kind von seinen Eltern schlecht behandelt wird oder wenn sie sich nicht gut um das Kind kümmern können, dann kann es sein, dass eine Entscheidung getroffen werden muss, damit das Kind geschützt wird. Diese Entscheidung muss aber immer genau überprüft werden, und es müssen alle Möglichkeiten abgewogen werden, bevor es dazu kommt.

(2) Wenn es so eine Entscheidung gibt, dann dürfen alle Leute, die damit zu tun haben, ihre Meinung sagen und mitentscheiden. Das heißt, du hast das Recht, gehört zu werden! Es ist wichtig, dass jeder, der betroffen ist, die Möglichkeit hat, sich zu äußern und zu erklären, wie er sich fühlt.

(3) Wenn du von einem oder beiden Elternteilen getrennt bist, hast du das Recht, regelmäßigen Kontakt zu ihnen zu haben. Das bedeutet, dass du sie besuchen und mit ihnen sprechen darfst, solange es dir und deinem Wohlbefinden nicht schadet. Es ist wichtig, dass du weiterhin eine Verbindung zu deinen Eltern hast, auch wenn ihr nicht zusammen lebt. Denn du verdienst es, die Liebe und Unterstützung von ihnen zu erfahren.

(4) Manchmal kann es auch passieren, dass ein Elternteil nicht mehr bei dir ist, weil er inhaftiert ist oder verstorben ist. In solchen Fällen müssen die Erwachsenen sicherstellen, dass du wichtige Informationen über den Verbleib deiner Eltern oder anderer Familienmitglieder bekommst. Sie müssen dafür sorgen, dass du verstehst, wo deine Familie ist und was mit ihnen passiert. Und

keine Sorge: Nur weil du solche Informationen anfragst, darf das keine schlechten Folgen für dich oder deine Familie haben.

Zusammengefasst: Es ist sehr wichtig, dass du nicht einfach von deinen Eltern getrennt wirst, es sei denn, es ist wirklich notwendig, um dich zu schützen. Du hast das Recht, in Kontakt mit ihnen zu bleiben und gehört zu werden. Deine Familie ist wichtig, und es ist gut, wenn du Unterstützung und Liebe von ihnen bekommst, auch wenn ihr nicht zusammen lebt!

Artikel 10: Zusammen mit der Familie sein und Kontakt zu beiden Eltern haben

Hallo, mein kleiner Freund! Heute wollen wir darüber sprechen, wie wichtig es ist, dass du mit deiner Familie zusammen sein kannst, auch wenn sie vielleicht in verschiedenen Ländern leben. Das ist ein ganz wichtiger Punkt!

(1) Wenn du oder deine Eltern einen Antrag stellen, um in ein anderes Land zu reisen, damit ihr wieder zusammen sein könnt, dann müssen die Länder das gut und schnell bearbeiten. Das bedeutet, dass sie sich darum kümmern müssen, dass ihr zusammenkommt. Es ist wie eine besondere Bitte, die alle Länder ernst nehmen sollten. Wenn ihr also darum bittet, dass du zu deinen Eltern reisen oder sie zu dir kommen, müssen die Erwachsenen sicherstellen, dass das so schnell wie möglich geschieht.

Und das Beste ist: Wenn du so einen Antrag stellst, dürfen dabei keine negativen Folgen für dich oder deine Familie entstehen. Das heißt, du sollst keine Angst haben müssen, dass etwas Schlechtes passiert, nur weil du deine Familie wiedersehen möchtest.

(2) Jetzt stell dir vor, dass deine Eltern in verschiedenen Ländern leben. Du hast das Recht, regelmäßig mit beiden Elternteilen Kontakt zu haben. Das bedeutet, dass du sie besuchen und Zeit mit ihnen verbringen darfst, so oft es geht, solange es keine besonderen Gründe gibt, die das verhindern. Es ist wichtig, dass du die Liebe und Unterstützung beider Eltern spüren kannst, auch wenn sie weit weg sind.

Die Erwachsenen in den Ländern müssen darauf achten, dass du und deine Eltern das Recht habt, aus eurem Land auszureisen und wieder zurückzukommen. Aber es gibt einige Regeln, die beachtet werden müssen, um sicherzustellen, dass alles gut und sicher bleibt. Diese Regeln sollen dazu dienen, die Sicherheit und die Rechte von allen zu schützen.

Zusammengefasst: Du hast das Recht, mit deiner Familie zusammen zu sein und regelmäßig Kontakt zu beiden Elternteilen zu haben, auch wenn sie in verschiedenen Ländern wohnen. Die Länder müssen sicherstellen, dass eure Anfragen, zusammenzukommen, schnell und freundlich bearbeitet werden. Es ist wichtig, dass du die Unterstützung und die Liebe deiner Familie spüren kannst, egal wo sie sind!

Artikel 11: Wenn Kinder nicht einfach ins Ausland gebracht werden dürfen

Hallo, kleiner Freund! Lass uns über ein sehr wichtiges Thema sprechen: Was passiert, wenn Kinder gegen ihren Willen ins Ausland gebracht werden. Das ist nicht in Ordnung, und es gibt Regeln, die das verhindern sollen!

(1) In einem wichtigen Abkommen steht, dass die Länder alles Mögliche tun müssen, um zu verhindern, dass Kinder ohne Erlaubnis ihrer Eltern oder ohne einen guten Grund ins Ausland gebracht werden. Das bedeutet, dass niemand einfach ein Kind in ein anderes Land bringen darf, ohne dass das Kind und seine Familie damit einverstanden sind. Wenn das passiert, nennt man das „rechtswidriges Verbringen". Das ist ein schwieriges Wort, aber es bedeutet einfach, dass es nicht erlaubt ist!

Außerdem müssen die Länder sicherstellen, dass, wenn ein Kind einmal im Ausland ist, es auch wieder nach Hause gebracht werden kann, wenn das nötig ist. Wenn jemand also ein Kind ins Ausland bringt und es dort nicht mehr zurückgeben will, ist das auch nicht in Ordnung. Die Erwachsenen in den Ländern müssen darauf achten, dass solche Dinge nicht geschehen.

(2) Um all das zu verhindern, müssen die Länder zusammenarbeiten. Das heißt, sie sollten Vereinbarungen treffen, in denen steht, wie sie sich gegenseitig helfen können, damit Kinder nicht einfach weggebracht werden. Manchmal schließen sie auch besondere Abkommen, um zu zeigen, dass sie sich einig sind und zusammenarbeiten wollen, um Kinder zu schützen. Das sind wie Freundschaftsversprechen zwischen den Ländern, damit alle Kinder sicher sind.

Zusammengefasst: Es ist sehr wichtig, dass Kinder nicht einfach ohne Erlaubnis ihrer Eltern ins Ausland gebracht werden. Es gibt Regeln, die das verhindern, und die Länder müssen zusammenarbeiten, um sicherzustellen, dass alle Kinder gut geschützt sind. Du bist wichtig, und die Welt sollte dafür sorgen, dass du sicher bleibst und immer nach Hause kommen kannst, wenn es nötig ist!

Artikel 12: Deine Meinung zählt!

Hallo, mein kleiner Freund! Heute möchte ich mit dir über etwas sehr Wichtiges sprechen: Deine Meinung und warum es so wichtig ist, dass du sie sagen darfst.

(1) In einem besonderen Abkommen steht, dass jedes Kind, das in der Lage ist, über Dinge nachzudenken und eine eigene Meinung zu haben, das Recht hat, seine Meinung zu äußern. Das bedeutet, dass du sagen darfst, was du denkst und fühlst, besonders wenn es um Dinge geht, die dich betreffen. Ob es darum geht, wohin du gehen möchtest, was du spielen willst oder wie du dich fühlst, deine Meinung ist wichtig!

Die Erwachsenen müssen dann auch wirklich darauf achten, was du sagst. Sie sollten verstehen, wie alt du bist und wie viel du über die Dinge weißt, damit sie deine Meinung angemessen berücksichtigen können. Zum Beispiel, wenn du noch sehr klein bist, können die Erwachsenen dir vielleicht nicht in allem zustimmen, aber sie sollten deine Gedanken und Gefühle trotzdem respektieren.

(2) Wenn es Situationen gibt, in denen wichtige Entscheidungen über dich getroffen werden, wie zum Beispiel bei Gerichtsverfahren oder anderen offiziellen Angelegenheiten, hast du das Recht, gehört zu werden. Das bedeutet, dass du entweder selbst sprechen oder einen Erwachsenen, den du vertraust, bitten kannst, für dich zu sprechen. Die Erwachsenen müssen sicherstellen, dass du die Möglichkeit bekommst, deine Meinung zu äußern und dass du dabei unterstützt wirst, wenn du es brauchst.

Zusammengefasst: Du hast das Recht, deine Meinung zu sagen, und es ist wichtig, dass die Erwachsenen auf dich hören. Deine Gedanken und Gefühle sind wichtig, und sie helfen dabei, Entscheidungen zu treffen, die gut für dich sind. Du bist einzigartig und deine Stimme zählt!

Artikel 13: Deine Freiheit zu denken und zu sprechen

Hallo, kleiner Freund! Heute sprechen wir über etwas ganz Wichtiges: Deine Freiheit, zu denken und zu sagen, was du möchtest. Das ist ein tolles Recht, das du hast!

(1) Du hast das Recht, deine Meinung zu sagen, wann immer du möchtest! Das bedeutet, dass du nicht nur in deinem eigenen Land, sondern überall auf der Welt deine Gedanken und Ideen äußern kannst. Egal, ob du etwas schreibst, malst, oder einfach nur redest – du darfst das auf die Art und Weise tun, die dir am besten gefällt.

Stell dir vor, du hast eine Idee für eine Geschichte oder ein Bild, das du zeichnen möchtest. Du kannst diese Idee mit anderen teilen! Du kannst auch Informationen suchen, die dich interessieren, und das ist total in Ordnung. Ob es um Tiere, das Weltall oder deine Lieblingsspielzeuge geht, du darfst alles lernen und darüber sprechen!

(2) Aber es gibt auch ein paar Regeln, die sicherstellen, dass deine Freiheit nicht die Freiheit oder die Rechte anderer Menschen verletzt. Manchmal kann es notwendig sein, dass bestimmte Dinge eingeschränkt werden, um die Rechte anderer zu respektieren. Zum Beispiel, wenn das, was du sagst, jemand anderen verletzt oder schlecht über ihn spricht. Auch wenn es um den Schutz von wichtigen Dingen geht, wie die Sicherheit des Landes oder die Gesundheit der Menschen, können manche Dinge eingeschränkt werden.

Das bedeutet, dass du zwar viele Freiheiten hast, aber auch Verantwortung. Es ist wichtig, darauf zu achten, wie das, was du sagst und tust, andere Menschen beeinflusst. Wenn du das verstehst, kannst du deine Stimme noch besser nutzen!

Zusammengefasst: Du hast das Recht, zu sagen, was du denkst und Informationen zu suchen. Deine Gedanken sind wichtig und wertvoll! Aber denk daran, dass es auch wichtig ist, die Gefühle und Rechte anderer Menschen zu respektieren. Deine Stimme zählt, und du kannst sie auf positive Weise nutzen!

Artikel 14: Du darfst denken, was du willst!

Hallo, kleiner Freund! Heute wollen wir über etwas ganz Wichtiges sprechen: deine Freiheit zu denken und zu glauben, was du möchtest. Das ist ein Recht, das dir zusteht!

(1) Du hast das Recht, deine eigenen Gedanken und Überzeugungen zu haben. Das bedeutet, dass du glauben kannst, was du möchtest – sei es über Gott, das Universum oder einfach über das Leben. Es ist in Ordnung, Fragen zu stellen und deine eigenen Meinungen zu bilden. Egal, ob du mit deiner Familie über den Glauben sprichst oder ob du einfach nur über Dinge nachdenkst, die dir wichtig sind, deine Gedanken sind wertvoll und dürfen nicht unterdrückt werden.

(2) Es ist auch wichtig, dass die Erwachsenen in deinem Leben, wie deine Eltern oder dein Vormund, dir helfen, deine eigenen Überzeugungen zu entwickeln. Sie dürfen dich dabei unterstützen, in einem sicheren und freundlichen Umfeld zu lernen und zu wachsen. Das bedeutet, dass sie dir beibringen, wie man über verschiedene Glaubensrichtungen oder Weltanschauungen nachdenkt, damit du deine eigene Meinung bilden kannst. Es ist wichtig, dass du in einem respektvollen Umfeld aufwächst, wo deine Gedanken und Fragen gehört werden.

(3) Obwohl du die Freiheit hast, zu glauben, was du möchtest, gibt es manchmal Regeln, die wichtig sind, um sicherzustellen, dass alle Menschen in der Gemeinschaft sicher sind. Diese Regeln können dazu beitragen, dass niemand durch deine Überzeugungen verletzt wird und dass jeder die Freiheit hat, auch zu glauben, was er möchte. Zum Beispiel dürfen deine Überzeugungen nicht die Sicherheit oder Gesundheit anderer Menschen gefährden. Das heißt, wenn du an etwas glaubst, das andere Menschen schädigen könnte, gibt es Grenzen, damit alle in Frieden leben können.

Zusammengefasst: Du hast das Recht, zu denken und zu glauben, was du willst! Deine Meinungen und Überzeugungen sind wichtig, und die Erwachsenen in deinem Leben können dir helfen, sie zu entwickeln. Aber denk daran, dass es auch wichtig ist, die Rechte und Überzeugungen anderer Menschen zu respektieren. So können alle glücklich und sicher zusammenleben!

Artikel 15: Gemeinsam stark sein!

Hallo, kleiner Freund! Heute wollen wir über ein tolles Recht sprechen: dein Recht, mit anderen Kindern zusammenzukommen und gemeinsam Dinge zu tun.

(1) Du hast das Recht, dich mit anderen Kindern zu treffen und gemeinsam etwas zu machen, was euch Spaß macht! Das kann ein Spiel, eine Gruppe oder sogar eine Veranstaltung sein, bei der ihr eure Ideen und Wünsche teilt. Wenn du also mit Freunden einen Club gründen möchtest oder eine Versammlung organisieren willst, um über etwas zu sprechen, das euch wichtig ist, dann ist das ganz prima! Gemeinsam macht alles mehr Spaß, und ihr könnt eure Stimmen hören lassen.

Stell dir vor, du möchtest eine Gruppe von Freunden gründen, um für etwas zu kämpfen, das dir wichtig ist, wie den Schutz von Tieren oder das Aufräumen im Park. Du kannst dich mit anderen zusammentun, um eure Ideen zu teilen und gemeinsam etwas zu bewegen. Es ist wichtig, dass ihr euch friedlich trefft und respektvoll miteinander umgeht.

(2) Es gibt jedoch ein paar Regeln, die sicherstellen, dass alles in Ordnung bleibt, wenn ihr euch trefft. Diese Regeln sollen verhindern, dass jemand verletzt wird oder dass es zu Problemen kommt. Zum Beispiel, wenn eure Versammlung die Sicherheit oder Gesundheit anderer Menschen gefährden könnte, könnten die Erwachsenen Regeln aufstellen, um sicherzustellen, dass alle in Frieden leben können.

Das bedeutet, dass ihr zwar viele Freiheiten habt, aber auch Verantwortung. Es ist wichtig, dass ihr freundlich zueinander seid und darauf achtet, dass ihr niemanden verletzt oder stört, wenn ihr euch trefft. So könnt ihr sicherstellen, dass alle Spaß haben und dass eure Stimmen gehört werden!

Zusammengefasst: Du darfst dich mit anderen Kindern zusammentun und gemeinsam Dinge tun! Es ist wichtig, dass ihr friedlich und respektvoll miteinander umgeht. Denkt daran, dass es

Regeln gibt, um die Sicherheit aller zu schützen, aber solange ihr freundlich seid, könnt ihr gemeinsam tolle Dinge erreichen!

Artikel 16: Deine Privatsphäre und Ehre sind wichtig!

Hallo, kleiner Freund! Heute sprechen wir über etwas ganz Wichtiges: deinen Schutz und deine Privatsphäre.

(1) Weißt du, was Privatsphäre ist? Privatsphäre bedeutet, dass es Dinge gibt, die nur dir gehören und die du für dich behalten kannst. Das kann dein Zimmer, deine Familie oder deine Geheimnisse sein. Es ist wichtig, dass niemand ohne deine Erlaubnis in diese privaten Dinge eindringt. Das heißt, niemand darf einfach in dein Zimmer gehen oder deine Sachen durchsuchen, ohne dich zu fragen.

Außerdem darf niemand gemeine Dinge über dich sagen, die dir schaden könnten oder deinen Ruf ruinieren. Wenn jemand falsche Dinge über dich erzählt oder dich verletzt, dann ist das nicht in Ordnung. Jeder Mensch hat das Recht, respektiert zu werden und gut behandelt zu werden.

(2) Wenn jemand trotzdem in deine Privatsphäre eindringt oder dir schadet, hast du das Recht, Hilfe zu bekommen. Es gibt Gesetze, die dich schützen, und wenn etwas nicht in Ordnung ist, kannst du dich an einen Erwachsenen wenden, dem du vertraust, wie deine Eltern oder einen Lehrer. Sie können dir helfen und dafür sorgen, dass die Regeln befolgt werden und du sicher bist.

Zusammengefasst: Deine Privatsphäre und Ehre sind sehr wichtig! Niemand darf ohne Erlaubnis in dein Privatleben eindringen oder gemeine Dinge über dich sagen. Wenn doch, kannst du Hilfe bekommen, und die Erwachsenen werden dafür sorgen, dass du geschützt wirst. Es ist wichtig, dass du dich wohl und sicher fühlst!

Artikel 17: Medien und Schutz für Kinder

Hallo, kleiner Freund! Lass uns über etwas sehr Spannendes sprechen: die Medien und wie sie dich unterstützen können. Die Medien sind Dinge wie das Fernsehen, das Internet, Bücher und viele andere Quellen, durch die du Informationen und Geschichten bekommst.

Die Erwachsenen haben erkannt, dass die Medien eine sehr wichtige Rolle in deinem Leben spielen. Sie helfen dir, viel über die Welt zu lernen, neue Dinge zu entdecken und Spaß zu haben. Es ist wichtig, dass du Zugang zu vielen verschiedenen Informationen und Geschichten hast, die gut für dich sind und dir helfen, zu wachsen. Das bedeutet, dass du nicht nur Geschichten über das, was um dich herum passiert, hören sollst, sondern auch über Dinge, die dir helfen, ein netter und gesunder Mensch zu werden.

Hier sind einige Dinge, die die Erwachsenen tun, um sicherzustellen, dass du die besten Informationen bekommst:

(a) Sie möchten, dass die Medien dir Informationen und Geschichten zeigen, die für dich hilfreich sind. Das sind Geschichten, die dir beibringen, freundlich und respektvoll zu sein und die dir helfen, deine Gefühle und Gedanken besser zu verstehen.

(b) Die Erwachsenen arbeiten auch zusammen mit anderen Ländern, damit sie dir noch mehr spannende und nützliche Informationen aus verschiedenen Kulturen geben können. Das bedeutet, dass du Geschichten und Informationen von überall auf der Welt kennenlernen kannst!

(c) Sie möchten auch, dass mehr Kinderbücher gemacht und verbreitet werden, damit du viele tolle Geschichten lesen kannst. Bücher sind eine großartige Möglichkeit, neue Abenteuer zu erleben und viel zu lernen!

(d) Wenn du eine andere Sprache sprichst oder aus einer besonderen Gruppe von Menschen kommst, dann ist es wichtig, dass auch in deiner Sprache Geschichten und Informationen für dich verfügbar sind. Die Erwachsenen sorgen dafür, dass du alles verstehst und dass du auch in deiner Sprache Zugang zu guten Geschichten und Informationen hast.

(e) Schließlich denken die Erwachsenen auch daran, dass es Informationen geben kann, die nicht gut für dich sind. Sie möchten dich schützen, damit du nicht mit Geschichten oder Bildern konfrontiert wirst, die dir Angst machen oder nicht gut für dich sind. Deshalb helfen sie dabei, Regeln zu machen, die sicherstellen, dass du nur das Beste und sicherste Material siehst und hörst.

Zusammengefasst: Du hast das Recht, viele spannende und lehrreiche Informationen aus den Medien zu erhalten. Die Erwachsenen arbeiten hart daran, dir dabei zu helfen, damit du gesund, glücklich und klug aufwächst. Sie schützen dich auch vor Informationen, die nicht gut für dich sind. Medien sind eine großartige Möglichkeit, die Welt zu entdecken, und du bist ein Teil davon!

Artikel 18: Verantwortung für dein Wohlbefinden

Hallo, mein kleiner Freund! Heute reden wir darüber, wie wichtig es ist, dass sich die Erwachsenen um dich kümmern und gemeinsam dafür verantwortlich sind, dass es dir gut geht.

(1) Zuerst einmal ist es wichtig, dass beide Elternteile, also Mama und Papa, zusammenarbeiten, um sich um dich zu kümmern und dir bei deinem Wachstum zu helfen. Sie haben die Verantwortung, dich zu erziehen und dir alles beizubringen, was du brauchst, um glücklich und gesund zu werden. Das bedeutet, dass sie dafür sorgen, dass du gut isst, genug spielst, zur Schule gehst und all die tollen Dinge machst, die du magst. Ihr Wohl, also dass es dir gut geht, steht für sie an erster Stelle. Sie möchten, dass du immer sicher und zufrieden bist.

(2) Aber nicht nur deine Eltern oder dein Vormund, die sich um dich kümmern, haben diese Aufgabe. Die Erwachsenen, die in der Regierung oder anderen wichtigen Stellen arbeiten, wollen auch helfen. Sie machen Dinge, die den Eltern und dem Vormund helfen, damit sie dir die beste Erziehung geben können. Zum Beispiel sorgen sie dafür, dass es genug Spielplätze, Schulen und Kindergärten gibt, wo du lernen und Spaß haben kannst.

(3) Wenn deine Eltern arbeiten müssen, haben sie das Recht, dass es gute Kinderbetreuung gibt. Das heißt, du solltest Zugang zu Orten haben, wo du sicher spielen kannst, während Mama und Papa beschäftigt sind. Das sind zum Beispiel Kindergärten oder Tagesstätten. Dort können liebevolle Erwachsene auf dich aufpassen, mit dir spielen und dir neue Dinge beibringen.

Zusammengefasst: Es ist sehr wichtig, dass sowohl Mama als auch Papa sich um dich kümmern und dafür sorgen, dass es dir gut geht. Die Erwachsenen, die über die Regeln und Gesetze entscheiden, möchten sicherstellen, dass sie die Eltern unterstützen und dass du auch die Betreuung bekommst, die du brauchst, während deine Eltern arbeiten. Denn du bist wertvoll, und dein Wohl ist das Wichtigste!

Artikel 19: Schutz vor Gewalt und Misshandlung

Hallo, kleiner Freund! Heute möchte ich dir etwas sehr Wichtiges erzählen, und zwar, wie wir alle dafür sorgen, dass du sicher bist und geschützt wirst. Es gibt Regeln, die dafür sorgen, dass Kinder wie du vor allem, was wehtun könnte, geschützt werden. Lass uns darüber sprechen!

(1) Es gibt viele nette Erwachsene, die dafür verantwortlich sind, dass es dir gut geht. Das sind deine Eltern, dein Vormund oder andere Menschen, die sich um dich kümmern. Diese Erwachsenen sollen dafür sorgen, dass du vor Gewalt, die dir wehtun könnte, geschützt bist. Gewalt kann körperlich sein, wie zum Beispiel wenn jemand dir wehtut, oder es kann auch seelisch sein, wenn jemand gemeine Dinge zu dir sagt oder dich nicht gut behandelt.

Das bedeutet auch, dass du nicht verwahrlost oder vernachlässigt werden darfst. Das heißt, dass deine Betreuer immer darauf achten müssen, dass du genug zu essen hast, in einem sauberen Zuhause lebst und die Liebe und Aufmerksamkeit bekommst, die du brauchst. Niemand sollte dich schlecht behandeln oder dich ausnutzen, und das gilt auch für schlimme Dinge wie sexuellen Missbrauch.

(2) Um sicherzustellen, dass du vor solchen Dingen geschützt bist, arbeiten viele Erwachsene zusammen. Sie machen Gesetze und Programme, die helfen, Kinder zu unterstützen. Diese Programme geben deinen Eltern und anderen Betreuern die Hilfe, die sie brauchen, damit sie gut auf dich aufpassen können.

Wenn jemand sieht, dass ein Kind schlecht behandelt wird, gibt es Wege, um das zu melden. Es gibt auch viele Personen, die wissen, wie man Kindern helfen kann, wenn sie verletzt oder traurig sind. Wenn etwas Schlimmes passiert, können die Erwachsenen helfen, das Problem zu lösen und sicherzustellen, dass es dir besser geht.

Das Wichtigste ist, dass du weißt: Du bist sicher und geliebt, und es gibt viele Menschen, die dafür sorgen, dass du nie Angst haben musst. Wenn du jemals das Gefühl hast, dass etwas nicht stimmt, oder wenn du Hilfe brauchst, kannst du immer mit einem Erwachsenen sprechen, dem du vertraust. Sie sind da, um dir zu helfen!

Artikel 20: Kinder, die von ihrer Familie getrennt leben

Hallo, mein kleiner Freund! Heute reden wir über Kinder, die nicht mehr bei ihrer Familie leben können. Das kann aus verschiedenen Gründen passieren, und es ist wichtig zu wissen, dass es dafür Regeln gibt, die darauf achten, dass es diesen Kindern gut geht. Lass uns das gemeinsam anschauen!

(1) Manchmal gibt es Situationen, in denen ein Kind nicht mehr bei seinen Eltern oder in seiner Familie wohnen kann. Das kann sein, weil es zu Hause nicht sicher ist oder weil die Eltern aus anderen Gründen nicht gut für das Kind sorgen können. Wenn das passiert, hat das Kind das Recht auf besonderen Schutz und Hilfe vom Staat. Das bedeutet, dass es Menschen gibt, die sich um das Kind kümmern und dafür sorgen, dass es alles hat, was es braucht.

(2) Die Erwachsenen, die dafür verantwortlich sind, müssen sicherstellen, dass es andere Wege gibt, wie ein Kind betreut werden kann, wenn es nicht bei seiner Familie wohnen kann. Das könnte zum Beispiel bedeuten, dass das Kind in eine andere Familie ziehen kann, die sich um es kümmert.

(3) Eine Möglichkeit ist, dass das Kind in eine Pflegefamilie kommt. Das sind liebevolle Familien, die dafür sorgen, dass das Kind ein neues Zuhause hat, wo es sicher ist und geliebt wird. Es gibt auch die Kafala, das ist ein besonderer Schutz für Kinder nach islamischem Recht.

Außerdem kann ein Kind adoptiert werden. Das bedeutet, dass eine andere Familie das Kind ganz offiziell in ihre Familie aufnimmt und es wie ihr eigenes Kind behandelt. Wenn es nötig ist, kann das Kind auch in einem Kinderheim wohnen, wo viele andere Kinder sind, die auch einen Platz zum Leben brauchen.

Wenn die Erwachsenen entscheiden, wo ein Kind leben soll, denken sie daran, was am besten für das Kind ist. Sie berücksichtigen, dass das Kind möglicherweise eine bestimmte Kultur, Sprache oder Religion hat, die wichtig für seine Identität ist.

Es ist wichtig, dass das Kind weiterhin Kontakt zu seiner Herkunft hat, so viel es geht.

Das Wichtigste ist, dass du weißt: Wenn du jemals von deiner Familie getrennt bist, gibt es viele Menschen, die sich um dich kümmern wollen, damit du sicher und glücklich bist. Du bist nicht allein, und es gibt immer Hilfe, wenn du sie brauchst!

Artikel 21: Adoption

Hallo, mein kleiner Freund! Lass uns über etwas ganz Besonderes sprechen: Adoption. Das ist, wenn ein Kind von einer anderen Familie aufgenommen wird, die sich um es kümmert und es liebt. Es gibt viele wichtige Regeln, die sicherstellen, dass die Adoption gut für das Kind ist. Ich erkläre dir das jetzt Schritt für Schritt!

Was ist Adoption?
Stell dir vor, ein Kind hat nicht die Möglichkeit, bei seinen eigenen Eltern zu leben, weil es aus verschiedenen Gründen nicht sicher oder nicht gut für das Kind ist. Manchmal gibt es liebevolle Familien, die das Kind in ihr Zuhause aufnehmen möchten. Das nennt man Adoption. Es ist wie ein neues Zuhause für das Kind, wo es geliebt wird und sich wohlfühlen kann.

a) Das Wohl des Kindes ist wichtig
Wenn ein Kind adoptiert werden möchte, müssen alle Erwachsenen darauf achten, dass es dem Kind dabei gut geht. Das bedeutet, dass die Menschen, die darüber entscheiden, immer im Kopf haben müssen: „Wie fühlt sich das Kind dabei?" Es ist wichtig, dass das Kind glücklich ist.

b) Wer entscheidet über die Adoption?
Die Erwachsenen, die für die Adoption verantwortlich sind, sind die Behörden. Das sind spezielle Gruppen von Leuten, die genau wissen, was für das Kind am besten ist. Diese Leute schauen sich alle Informationen über das Kind an und treffen dann eine Entscheidung. Sie müssen sicherstellen, dass alle über die Adoption Bescheid wissen und einverstanden sind. Das heißt, sie fragen auch die leiblichen Eltern oder Verwandten des Kindes, ob sie damit einverstanden sind, dass das Kind adoptiert wird.

c) Internationale Adoption
Manchmal kann ein Kind nicht in seinem eigenen Land in einer Pflegefamilie oder Adoptionsfamilie wohnen. In solchen Fällen kann das Kind in ein anderes Land adoptiert werden. Das nennt man internationale Adoption. Auch hier müssen die gleichen wichtigen

Regeln beachtet werden, um sicherzustellen, dass das Kind gut behandelt wird.

d) Schutz für das Kind
Wenn ein Kind international adoptiert wird, hat es die gleichen Rechte und den gleichen Schutz wie bei nationalen Adoptionen. Das bedeutet, dass die Erwachsenen sicherstellen müssen, dass das Kind nicht nur gut behandelt wird, sondern auch, dass niemand unfaire Vorteile daraus zieht. Das heißt, man darf kein Geld oder andere Dinge verlangen, nur weil man ein Kind adoptiert.

e) Zusammenarbeit zwischen den Ländern
Die Länder, die Adoptionen erlauben, arbeiten manchmal zusammen. Das bedeutet, sie machen Absprachen und Regeln, damit die Adoptionen in verschiedenen Ländern gut und sicher ablaufen. So können die zuständigen Behörden in jedem Land sicherstellen, dass alles richtig gemacht wird.

Wenn ein Kind adoptiert wird, gibt es viele Regeln, um sicherzustellen, dass es gut behandelt wird und dass alle wissen, was passiert. Das Wichtigste ist, dass das Kind geliebt wird und in einem sicheren Zuhause leben kann. Wenn du mehr Fragen über Adoption hast, kannst du immer fragen! Es ist wichtig, dass du alles verstehst, und ich bin hier, um dir zu helfen!

Artikel 22: Kinder auf der Flucht

Okay, ich erkläre dir jetzt, was Artikel 22 über Flüchtlingskinder bedeutet. Das ist wichtig, weil es um Kinder geht, die aus ihrer Heimat fliehen müssen.

Stell dir vor, du bist ein Kind, das in einem Land lebt, wo es vielleicht gefährlich ist. Manchmal müssen Kinder aus verschiedenen Gründen ihr Zuhause verlassen. Das kann zum Beispiel sein, weil es Krieg gibt oder weil ihre Familien in Gefahr sind. Wenn das passiert, dann nennt man sie Flüchtlingskinder.

1) die Länder, die sich dazu verpflichtet haben, müssen dafür sorgen, dass Flüchtlingskinder geschützt werden. Das bedeutet, dass sie sicher sein sollten, dass ihnen niemand weh tut. Sie bekommen auch Hilfe, die sie brauchen, wie Essen, einen Platz zum Schlafen und die Möglichkeit, zur Schule zu gehen. Egal, ob sie mit ihren Eltern oder allein sind, die Länder müssen sicherstellen, dass sie gut behandelt werden und alles bekommen, was sie brauchen. Das heißt, sie haben das Recht auf Schutz und Unterstützung, genau wie alle anderen Kinder.

2) wenn ein Flüchtlingskind von seiner Familie getrennt ist, müssen die Länder helfen, die Familie wiederzufinden. Das kann bedeuten, dass sie versuchen, die Eltern oder Geschwister des Kindes zu finden, damit sie wieder zusammen sein können. Manchmal können die Eltern nicht gefunden werden, und in diesem Fall wird das Kind genauso behandelt wie jedes andere Kind, das ohne seine Familie ist. Das bedeutet, dass es weiterhin die Hilfe und den Schutz bekommt, den es braucht, damit es sicher und glücklich ist.

Zusammengefasst: Artikel 22 sagt, dass Flüchtlingskinder besonderen Schutz und Hilfe brauchen, damit sie sicher sind und gut behandelt werden. Die Länder sollen alles tun, um ihnen zu helfen, und wenn sie von ihrer Familie getrennt sind, sollen sie versuchen, sie wieder zusammenzubringen. Das ist wichtig, damit alle Kinder ein sicheres und glückliches Leben führen können!

Artikel 23: Förderung behinderter Kinder

Also, stell dir vor, es gibt Kinder, die manchmal ein bisschen mehr Hilfe brauchen, weil sie vielleicht nicht so gut laufen, hören oder sehen können oder weil sie in anderen Dingen etwas mehr Unterstützung brauchen. Genau darum geht es in diesem Artikel. Er sagt, dass Kinder mit einer Behinderung ein genauso schönes und erfülltes Leben haben sollen wie alle anderen Kinder.

(1) Kinder mit einer Behinderung sollen so gut es geht selbstständig sein. Das heißt, sie sollen Dinge alleine machen dürfen und die gleichen Möglichkeiten haben wie andere Kinder, um zum Beispiel zur Schule zu gehen, zu spielen und Spaß zu haben. Sie sollen auch in ihrer Gemeinschaft, also zum Beispiel in der Schule oder im Verein, mitmachen können.

(2) Wenn ein Kind eine Behinderung hat, sollen ihm und seinen Eltern oder den Menschen, die sich um das Kind kümmern, besondere Hilfe angeboten werden. Diese Hilfe kann ganz unterschiedlich sein, je nachdem, was das Kind und die Familie brauchen. Und das Beste daran: Diese Hilfe soll so oft wie möglich umsonst sein, also nichts kosten.

(3) Diese Hilfe ist dafür da, dass das Kind zur Schule gehen kann, eine Ausbildung bekommt, die richtigen Ärzte besuchen kann, damit es gesund bleibt, und auch Dinge lernen kann, die ihm im späteren Leben helfen, wie einen Beruf. Das Ziel ist, dass das Kind mit seiner Behinderung so gut wie möglich mitmachen kann und sich entfalten darf, also das Beste aus sich machen kann.

(4) Es wird auch darauf geachtet, dass Länder miteinander sprechen und sich gegenseitig helfen. Das bedeutet, dass sie Informationen austauschen, wie man Kinder mit Behinderungen am besten unterstützen kann. Dabei wird besonders darauf geachtet, dass Länder, die vielleicht weniger Möglichkeiten haben, auch Unterstützung bekommen.

Es ist also ganz wichtig, dass alle Kinder, auch die mit einer Behinderung, die gleiche Chance auf ein glückliches und schönes Leben haben!

Artikel 24: Gesundheitsvorsorge

Stell dir vor, es geht darum, dass jedes Kind gesund sein soll und die Möglichkeit haben muss, zu einem Arzt zu gehen, wenn es krank ist. Genau das steht in diesem Artikel. Jedes Kind hat das Recht, gesund zu sein und die richtige Pflege zu bekommen, damit es sich gut fühlt und wieder gesund wird, wenn es mal krank ist.

(1) Der Artikel sagt, dass es sehr wichtig ist, dass alle Kinder die beste Gesundheit haben, die möglich ist. Das bedeutet, dass sie zu Ärzten gehen können, wenn sie krank sind, und dass ihnen geholfen wird, gesund zu bleiben. Kein Kind darf davon ausgeschlossen werden.

(2) Es gibt viele Dinge, die gemacht werden sollen, damit das Recht auf Gesundheit für alle Kinder verwirklicht wird:

a) Es ist wichtig, dass weniger Babys und Kinder krank werden oder sterben. Das bedeutet, dass Ärzte und Krankenhäuser dafür sorgen, dass Kinder von Anfang an gut versorgt sind.

b) Jedes Kind soll die notwendige ärztliche Hilfe bekommen. Besonders wichtig ist es, dass die Gesundheitsversorgung für alle Kinder erreichbar ist. Das heißt, dass es genug Ärzte und Krankenhäuser gibt, damit die Kinder gut versorgt sind.

c) Krankheiten und Unterernährung sollen bekämpft werden. Das bedeutet, dass Kinder genug gesundes Essen und sauberes Trinkwasser haben sollen, damit sie stark und gesund bleiben. Es wird auch darauf geachtet, dass die Umwelt, also zum Beispiel die Luft und das Wasser, nicht verschmutzt wird, weil das Kinder krank machen kann.

d) Es ist wichtig, dass Mütter vor und nach der Geburt ihres Babys gut versorgt werden. Das hilft den Müttern und den Babys, gesund zu bleiben.

e) Alle Menschen, besonders Eltern und Kinder, sollen viel über Gesundheit lernen. Zum Beispiel sollen sie wissen, wie wichtig gesundes Essen ist, wie man Babys am besten stillt, wie man sich sauber hält und wie man Unfälle vermeidet. Es gibt auch Hilfe und Schulungen, damit jeder versteht, wie er gesund bleiben kann.

f) Eltern sollen auch beraten werden und Unterstützung bekommen, wenn es um Familienplanung geht, also wie man eine Familie gut plant und betreut.

(3) Dann gibt es noch Bräuche, die manchmal schlecht für die Gesundheit der Kinder sind. Diese Bräuche sollen abgeschafft werden, damit Kinder nicht krank oder verletzt werden.

(4) Schließlich versprechen die Länder, zusammenzuarbeiten und sich gegenseitig zu helfen, um sicherzustellen, dass Kinder überall auf der Welt die beste Gesundheitsversorgung bekommen, besonders in Ländern, wo es vielleicht nicht so viel Hilfe gibt.

Dieser Artikel ist also sehr wichtig, damit alle Kinder, egal wo sie leben, gesund bleiben und die richtige Pflege bekommen können!

Artikel 25: Unterbringung

Manchmal müssen Kinder, die krank sind oder besondere Hilfe brauchen, an einem speziellen Ort leben, damit sie besser betreut werden können. Das passiert zum Beispiel, wenn ein Kind sehr krank ist und im Krankenhaus bleiben muss, oder wenn es jemanden braucht, der ihm besonders gut hilft, gesund zu werden.

In diesem Artikel steht, dass Kinder, die an solchen Orten untergebracht sind, ein wichtiges Recht haben: Sie haben das Recht, dass immer wieder jemand nachschaut, ob es ihnen dort gut geht.

Das bedeutet:

Es wird regelmäßig geprüft, ob die Behandlung, die das Kind bekommt, wirklich gut für das Kind ist. Zum Beispiel, ob die Medikamente oder die besondere Pflege wirklich helfen.

Auch andere Dinge werden geprüft, zum Beispiel, ob das Kind sich wohlfühlt und ob es dort sicher ist.

So wird sichergestellt, dass das Kind die bestmögliche Betreuung bekommt und niemand vergessen wird, wie es dem Kind geht. Es geht also darum, das Wohl des Kindes immer im Blick zu behalten!

Artikel 26: Hilfe für Kinder, wenn es der Familie nicht gut geht

Stell dir vor, manchmal brauchen Kinder und ihre Familien Unterstützung, weil sie nicht genug Geld haben, um alles zu kaufen, was sie brauchen. Zum Beispiel Geld für Essen, Kleidung, Arztbesuche oder Schule. In diesem Artikel geht es darum, dass jedes Kind ein Recht darauf hat, Hilfe zu bekommen, wenn es nötig ist.

(1) Jedes Kind hat das Recht auf Unterstützung, die man "soziale Sicherheit" nennt. Das bedeutet, dass der Staat helfen kann, wenn eine Familie nicht genug Geld hat, um gut für das Kind zu sorgen.

(2) Diese Hilfe hängt davon ab, wie viel Geld die Familie hat. Wenn eine Familie weniger Geld hat, können sie mehr Unterstützung bekommen.

Das Ziel ist, dass jedes Kind gut leben kann, auch wenn die Familie mal in Schwierigkeiten steckt. So wird sichergestellt, dass es dem Kind gut geht, egal wie viel oder wenig Geld die Familie hat!

Artikel 27: Hilfe für Kinder, damit sie gut leben können

Hallo! Lass uns über etwas ganz Wichtiges sprechen: Wie wichtig es ist, dass jedes Kind ein gutes und schönes Leben hat. Das bedeutet, dass jedes Kind das Recht auf einen Lebensstandard hat, der ihm hilft, gesund und glücklich zu sein. Jetzt erkläre ich dir, was das alles bedeutet.

(1) Das Recht auf ein gutes Leben: Jedes Kind hat das Recht auf ein Leben, das für seinen Körper, seinen Kopf und sein Herz gut ist. Das heißt, dass du genug zu essen, sauberes Wasser, ein warmes Zuhause und Kleidung brauchst. Auch Freunde und Zeit zum Spielen sind wichtig für dein Glück.

(2) Die Aufgabe der Eltern: Die Eltern oder die Menschen, die sich um dich kümmern, haben die Aufgabe, dafür zu sorgen, dass du alles hast, was du brauchst. Sie müssen ihr Bestes tun, um dir ein gutes Leben zu ermöglichen. Das heißt, sie versuchen, genügend Geld zu verdienen, um dir all das zu geben.

(3) Hilfe vom Staat: Wenn die Eltern oder die Menschen, die für dich verantwortlich sind, Schwierigkeiten haben, das alles zu schaffen, gibt es Hilfe vom Staat. Der Staat, das sind die Leute, die die Regeln für unser Land machen. Sie können Programme anbieten, die den Eltern helfen, wenn sie wenig Geld haben. Zum Beispiel gibt es Unterstützung für Essen, Kleidung und ein sicheres Zuhause.

(4) Rechte für Kinder: Wenn du zum Beispiel einen Elternteil hast, der nicht genug Geld hat, um sich um dich zu kümmern, kann der Staat helfen. Das bedeutet, dass sie sicherstellen, dass du auch dann, wenn deine Eltern es schwer haben, alles bekommst, was du brauchst. Wenn ein Elternteil in einem anderen Land lebt, kann der Staat auch dafür sorgen, dass du die Unterstützung bekommst, die du verdienst.

Es ist also sehr wichtig, dass jedes Kind die Hilfe bekommt, die es braucht, damit es gut leben kann. Jeder hat das Recht auf ein glückliches und gesundes Leben, und dafür gibt es Regeln, die das sicherstellen. Wenn du jemals das Gefühl hast, dass du etwas brauchst, solltest du wissen, dass es immer Menschen gibt, die helfen möchten, damit du alles bekommst, was du brauchst, um glücklich zu sein!

Artikel 28: Das Recht auf Bildung und Schule

Hallo, mein kleiner Freund! Lass uns heute über etwas ganz Wichtiges sprechen: Dein Recht auf Bildung. Bildung ist sehr wichtig, denn sie hilft dir, viele Dinge zu lernen und später einen guten Job zu finden. Also, lass mich dir erklären, was das alles bedeutet.

(1) Jedes Kind hat das Recht auf Bildung: Das bedeutet, dass du das Recht hast, zur Schule zu gehen und zu lernen, egal wo du herkommst. Alle Kinder sollten die gleichen Chancen haben, zu lernen und zu wachsen.

(a) Die Schule für alle: Es ist ganz wichtig, dass alle Kinder zur Grundschule gehen können. Die Grundschule ist der Ort, wo du Lesen, Schreiben und Rechnen lernst. Die Vertragsstaaten, das sind die Länder, die diese Regeln gemacht haben, sagen, dass die Schule für alle Kinder kostenlos sein soll. Das heißt, du musst kein Geld bezahlen, um zur Schule zu gehen.

(b) Verschiedene Schulen für alle: Wenn du älter wirst, gibt es viele verschiedene Schulen, die dir helfen, noch mehr zu lernen. Es gibt Schulen für allgemeine Bildung und auch Schulen, die dir helfen, einen Beruf zu lernen. Die Länder müssen dafür sorgen, dass diese Schulen für alle Kinder zugänglich sind, und dass sie auch kostenlos sind oder Unterstützung bieten, wenn jemand nicht genug Geld hat.

(c) Hochschulen und weiterführende Bildung: Wenn du gut in der Schule bist und weiter lernen möchtest, gibt es auch Universitäten oder Hochschulen, wo du noch mehr lernen kannst. Es ist wichtig, dass du die Möglichkeit hast, dorthin zu gehen, wenn du das möchtest.

(d) Berufsberatung: Es gibt auch Menschen, die dir helfen können, deinen Weg zu finden. Sie geben dir Ratschläge und Informationen darüber, welche Berufe es gibt und welche Ausbildung du dafür brauchst. Das nennt man Berufsberatung, und das ist für alle Kinder wichtig.

(e) Regelmäßiger Schulbesuch: Die Vertragsstaaten möchten auch, dass du regelmäßig zur Schule gehst. Das ist wichtig, damit du alles lernen kannst. Wenn viele Kinder die Schule frühzeitig verlassen, soll das verringert werden. Die Länder sollen Wege finden, damit alle Kinder die Schule beenden.

(2) Gute Disziplin in der Schule: In der Schule ist es wichtig, dass alle Kinder respektvoll miteinander umgehen. Die Regeln müssen so sein, dass sie die Würde und das Gefühl jedes Kindes respektieren. Jeder sollte in der Schule freundlich behandelt werden.

(3) Zusammenarbeit mit anderen Ländern: Die Länder arbeiten auch zusammen, damit mehr Kinder in der Welt zur Schule gehen können. Sie möchten, dass jedes Kind die Möglichkeit hat, zu lernen und keine Unwissenheit mehr gibt. Das ist besonders wichtig für Kinder in Entwicklungsländern, die vielleicht nicht so viele Möglichkeiten haben.

Das alles zeigt, wie wichtig Bildung ist und dass du das Recht hast, zur Schule zu gehen und zu lernen. Deine Bildung hilft dir nicht nur heute, sondern auch in der Zukunft, wenn du groß bist. Und das ist wirklich wichtig!

Artikel 29: Bildung und was sie dir bringen soll

Hallo, mein lieber Freund! Lass uns darüber sprechen, wie wichtig Bildung ist und was sie dir alles beibringen soll.

(1) Es gibt ganz viele Dinge, die wir lernen können, und die helfen dir, ein guter Mensch zu werden. Hier sind einige wichtige Punkte, die dir zeigen, was in der Bildung für Kinder wichtig ist:

(a) Deine Einzigartigkeit entfalten: Wenn du zur Schule gehst, soll das helfen, dass du der beste Mensch wirst, der du sein kannst! Das bedeutet, dass die Schule dir helfen möchte, deine Talente und Fähigkeiten zu entdecken und zu entwickeln. Jeder von uns hat besondere Dinge, die wir gut können, und die Schule soll dir helfen, diese Dinge noch besser zu machen.

(b) Respekt für Menschenrechte: In der Schule lernst du auch, was Menschenrechte sind. Das sind die Rechte, die jeder Mensch hat, egal wo er herkommt oder wie er aussieht. Es ist wichtig, dass du lernst, wie wichtig es ist, jeden Menschen zu respektieren und zu verstehen, dass alle Menschen gleich viel wert sind.

(c) Achtung vor deiner Herkunft: Es ist auch wichtig, dass du deine Familie und die Kultur, aus der du kommst, schätzt. Deine Sprache, deine Traditionen und die Werte, die dir deine Eltern beigebracht haben, sind wertvoll. Aber du sollst auch lernen, andere Kulturen zu respektieren und zu verstehen. Das macht die Welt bunter und interessanter!

(d) Verantwortungsbewusstes Leben: Die Schule soll dich darauf vorbereiten, ein guter Mensch in der Gesellschaft zu sein. Das bedeutet, dass du lernst, wie man freundlich und respektvoll miteinander umgeht. Es ist wichtig, dass du verstehst, wie wichtig Frieden, Freundschaft und Gleichberechtigung sind. Du sollst lernen, dass jeder Mensch wichtig ist, egal woher er kommt oder an was er glaubt.

(e) Respekt für die Natur: Die Umwelt ist unser Zuhause, und wir müssen gut darauf aufpassen. In der Schule lernst du, warum es wichtig ist, die Natur zu schützen. Das bedeutet, dass wir unseren Müll richtig wegwerfen, Bäume pflanzen und auf Tiere achten sollten. Wenn wir die Umwelt respektieren, können wir alle besser leben.

(2) Schulen dürfen gegründet werden: Es ist auch wichtig zu wissen, dass nicht nur die großen Schulen etwas zu sagen haben. Jeder hat das Recht, eine Schule zu gründen, solange die Schule die wichtigen Werte und Prinzipien beachtet, die wir gerade besprochen haben. Das bedeutet, dass auch kleine Schulen, die zum Beispiel von Familien oder Gruppen gegründet werden, wichtig sein können, solange sie sich an die Regeln halten.

Bildung ist also nicht nur ein Ort, wo du Lesen, Schreiben und Rechnen lernst. Es geht darum, ein guter Mensch zu werden, der die Welt ein bisschen besser macht. Du lernst Dinge über dich selbst, über andere Menschen und über die Welt, in der wir leben. Und das ist echt wichtig!

Artikel 30: Minderheitenschutz

Hallo, mein kleiner Freund! Heute sprechen wir über etwas ganz Wichtiges, das sich um Kinder kümmert, die zu speziellen Gruppen gehören, wie zum Beispiel ethnischen, religiösen oder sprachlichen Minderheiten oder Ureinwohnern. Das nennt man „Minderheitenschutz". Lass uns anschauen, was das bedeutet:

Wenn du zu einer bestimmten Gruppe von Menschen gehörst, die eine eigene Kultur hat, dann ist das etwas ganz Besonderes! Deine Kultur umfasst die Geschichten, die Traditionen und die Art, wie Menschen in deiner Gruppe leben. Es ist wichtig, dass du die Möglichkeit hast, diese Kultur mit anderen Kindern deiner Gruppe zu teilen und zu erleben. Das heißt, ihr könnt zusammen feiern, tanzen, essen und spielen, wie es in eurer Kultur üblich ist.

Wenn deine Familie eine bestimmte Religion hat, dann ist es wichtig, dass du die Freiheit hast, daran zu glauben und sie auszuüben. Das bedeutet, dass du zu den Feiern gehen kannst, die wichtig für deine Religion sind, und dass du mit anderen Kindern, die die gleiche Religion haben, zusammen sein kannst. Es ist schön, zusammen zu beten oder besondere Feste zu feiern!

Wenn du eine eigene Sprache sprichst, die vielleicht nicht die Hauptsprache in deinem Land ist, dann ist es toll, dass du sie mit anderen Menschen deiner Gruppe teilen kannst! Es ist wichtig, dass du die Möglichkeit hast, in deiner eigenen Sprache zu sprechen, zu lernen und zu spielen. Deine Sprache ist ein wichtiger Teil deiner Identität, und du solltest stolz darauf sein!

Der Schutz von Minderheiten bedeutet auch, dass du nicht alleine bist. Du kannst mit anderen Kindern, die zu deiner Gruppe gehören, zusammen sein. Ihr könnt zusammen spielen, lernen und eure Traditionen feiern. Es ist wichtig, dass ihr euch gegenseitig unterstützt und Freude an eurer gemeinsamen Kultur habt.

Das bedeutet also, dass jedes Kind, das zu einer ethnischen, religiösen oder sprachlichen Minderheit oder zu den Ureinwohnern gehört, das Recht hat, seine eigene Kultur zu leben, seine Religion zu praktizieren und seine Sprache zu sprechen. Es ist wichtig, dass alle Kinder die Freiheit haben, so zu sein, wie sie sind, und stolz auf ihre Wurzeln zu sein!

Artikel 31: Recht auf Freizeit und Kultur

Hallo, mein kleiner Freund! Heute sprechen wir über etwas, das für alle Kinder ganz wichtig ist: das Recht auf Freizeit und die Teilnahme an kulturellen und künstlerischen Aktivitäten. Lass uns das gemeinsam anschauen!

(1) Freizeit ist die Zeit, in der du tun kannst, was dir Spaß macht! Das bedeutet, dass du spielen, malen, lesen oder einfach nur entspannen kannst. Es ist wichtig, dass du auch Zeit zum Ausruhen hast, damit dein Körper und dein Geist sich erholen können. Jeder braucht Pausen!

Spielen ist nicht nur Spaß, sondern auch wichtig für dein Lernen. Wenn du spielst, lernst du, wie man mit anderen zusammenarbeitet, wie man Probleme löst und wie man kreativ ist. Deshalb ist es wichtig, dass du viel Zeit hast, um zu spielen!

Das bedeutet, dass du auch aktiv sein darfst! Du kannst Sport treiben, tanzen, schwimmen oder einfach draußen mit deinen Freunden spielen. Es ist toll, sich zu bewegen und dabei Spaß zu haben!

(2) Kulturelles Leben bedeutet, dass du an verschiedenen Veranstaltungen und Festen teilnehmen kannst, die für deine Kultur wichtig sind. Das kann Musik, Tanz, Theater oder Feste umfassen. Du kannst mit anderen Kindern zusammen feiern und etwas über verschiedene Kulturen lernen!

Das künstlerische Leben umfasst Dinge wie Malen, Zeichnen, Musizieren und Theater spielen. Es ist wichtig, dass du die Möglichkeit hast, kreativ zu sein und deine Ideen auszudrücken. Vielleicht möchtest du ein Bild malen oder ein Lied schreiben!

Zusammengefasst bedeutet dieser Artikel, dass jedes Kind das Recht auf Freizeit, Spiel und aktive Erholung hat. Du sollst die Freiheit haben, an kulturellen und künstlerischen Aktivitäten teilzunehmen, und es sollte dafür gesorgt werden, dass du die gleichen Möglichkeiten wie andere Kinder hast. Es ist wichtig, dass du Spaß hast und die Welt um dich herum mit Freude und Kreativität entdecken kannst!

Artikel 32: Schutz vor schlechter Arbeit

Hey, stell dir vor, jemand will, dass du arbeiten musst, obwohl du noch ein Kind bist. Zum Glück gibt es Regeln, die dich davor schützen!

1. Du hast das Recht, geschützt zu werden
Du hast das Recht, nicht arbeiten zu müssen, wenn es gefährlich ist oder dir schaden könnte. Das bedeutet, dass niemand dich zwingen darf, etwas zu tun, was deine Gesundheit oder deine Entwicklung stört. Außerdem sollst du genug Zeit haben, zur Schule zu gehen, zu spielen und einfach Kind zu sein. Arbeiten, die das behindern, sind nicht erlaubt!

2. Was machen die Länder, um dich zu schützen?
Alle Länder müssen dafür sorgen, dass Kinder sicher sind und diese Rechte haben. Dazu gibt es ein paar wichtige Regeln:

a) Ab welchem Alter darf man arbeiten?: Jedes Land legt fest, ab wann Kinder arbeiten dürfen. So sorgt man dafür, dass Kinder nicht zu früh anfangen müssen.

b) Wie lange und unter welchen Bedingungen?: Es gibt auch Regeln, wie viele Stunden am Tag ein Kind arbeiten darf und was für Arbeiten es machen darf. Damit du nicht zu viel arbeiten musst und dir nichts passiert.

c) Strafen für schlechte Behandlung: Wenn jemand versucht, ein Kind zu unfairer oder gefährlicher Arbeit zu zwingen, gibt es Gesetze, die diese Person bestrafen. Das schützt dich, wenn jemand etwas Falsches macht.

Diese Regeln sind da, damit du sicher bist und eine glückliche Kindheit haben kannst!

Artikel 33: Schutz vor gefährlichen Drogen

Stell dir vor, es gibt Sachen, die Menschen krank machen können, wenn sie sie nehmen – das nennt man Drogen. Diese Drogen sind besonders gefährlich, weil man davon abhängig werden kann und das sehr schlecht für den Körper und den Kopf ist. Kinder sollen auf keinen Fall mit solchen Drogen in Berührung kommen.

Die Länder auf der ganzen Welt haben versprochen, alles Mögliche zu tun, um Kinder davor zu schützen. Sie machen Regeln und Gesetze, damit Kinder diese gefährlichen Stoffe nicht bekommen oder benutzen. Und sie sorgen auch dafür, dass Kinder nicht gezwungen werden, bei der Herstellung oder beim Verkauf von solchen Drogen zu helfen. Niemand darf Kinder in solche gefährlichen Dinge verwickeln.

Das ist wichtig, weil es die Aufgabe der Erwachsenen und der Länder ist, dafür zu sorgen, dass Kinder sicher und gesund bleiben. So kannst du gut aufwachsen, ohne Angst vor solchen Dingen haben zu müssen!

Artikel 34: Schutz vor sexuellem Missbrauch

Weißt du, es gibt Dinge, die Erwachsene niemals mit Kindern tun dürfen, weil sie Kinder damit verletzen oder ihnen Angst machen. Eine dieser schlimmen Sachen ist sexueller Missbrauch. Das bedeutet, dass jemand einem Kind auf eine Art und Weise weh tut, die überhaupt nicht in Ordnung ist. Alle Länder auf der Welt haben gesagt, dass sie Kinder davor schützen wollen.

Die Länder haben versprochen, ganz viele Dinge zu tun, damit Kinder sicher sind. Sie passen auf, dass Kinder nicht zu etwas gezwungen oder überredet werden, was ihnen wehtun kann. Niemand darf Kinder in schlimme Dinge verwickeln, wie sie zu zwingen, sich auf eine Art anzufassen oder anzuschauen, die für Kinder nicht gut ist.

Auch dürfen Kinder niemals für schlimme Bilder oder Filme benutzt werden, die eigentlich nur Erwachsene sehen sollten. Die Länder tun alles, was sie können, damit das nicht passiert und Kinder sicher und glücklich aufwachsen können.

Es ist wichtig, dass du weißt, dass dein Körper nur dir gehört, und dass immer jemand da ist, der dir helfen kann, wenn du dich nicht sicher fühlst!

Artikel 35: Schutz vor Entführung und Kinderhandel

Stell dir vor, jemand würde versuchen, ein Kind wegzunehmen, es zu verkaufen oder etwas ganz Schlimmes mit ihm zu tun. Das ist etwas, das niemals passieren darf! Deswegen haben alle Länder auf der Welt versprochen, Kinder davor zu beschützen.

Die Länder arbeiten zusammen und passen auf, dass niemand Kinder entführt, also einfach mitnimmt, ohne dass sie das wollen oder dürfen. Außerdem sorgen sie dafür, dass Kinder nicht verkauft oder für böse Dinge benutzt werden. Egal, wo ein Kind lebt, es soll sicher sein und keine Angst haben müssen, entführt oder weggebracht zu werden.

Die Länder überlegen sich viele Maßnahmen und Regeln, um sicherzustellen, dass Kinder überall sicher sind und dass böse Menschen keine Chance haben, ihnen etwas anzutun. So können alle Kinder geschützt aufwachsen!

Artikel 36: Schutz vor Ausnutzung

Weißt du, was „ausnutzen" bedeutet? Das ist, wenn jemand versucht, dich für etwas zu benutzen, das dir nicht gut tut oder dir schaden könnte. Das ist natürlich nicht in Ordnung, und deshalb gibt es diesen Artikel.

Alle Länder auf der Welt haben versprochen, Kinder davor zu schützen, dass sie auf irgendeine Weise ausgenutzt werden. Zum Beispiel, wenn jemand Kinder für etwas Schlimmes benutzt oder sie dazu zwingt, Dinge zu tun, die nicht gut für sie sind.

Die Länder passen also auf, dass so etwas nicht passiert. Sie sorgen dafür, dass Kinder sicher sind und dass niemand sie schlecht behandelt oder für eigene Zwecke benutzt. So können alle Kinder glücklich und gesund aufwachsen!

Artikel 37: Schutz vor schlimmen Strafen

Stell dir vor, du hast mal etwas falsch gemacht, vielleicht aus Versehen oder weil du nicht wusstest, dass es falsch ist. Auch dann ist es ganz wichtig, dass du als Kind immer gut behandelt wirst. In diesem Artikel geht es darum, dass kein Kind schlecht oder grausam behandelt werden darf, egal was passiert ist.

a) Keine schlimmen Strafen: Es darf niemand ein Kind foltern (das heißt, ihm absichtlich Schmerzen zufügen) oder ganz schlimm bestrafen. Kinder dürfen auch nicht so hart bestraft werden, dass sie für immer ins Gefängnis müssen oder sogar getötet werden – das ist verboten.

b) Gefängnis nur als letztes Mittel: Manchmal kann es sein, dass ein Kind ins Gefängnis kommt, aber das darf nur passieren, wenn es wirklich nötig ist. Es muss die allerletzte Möglichkeit sein, und das Kind darf nur so kurz wie möglich dort bleiben.

c) Gute Behandlung im Gefängnis: Wenn ein Kind ins Gefängnis muss, wird es trotzdem immer freundlich und respektvoll behandelt. Das heißt, die Leute müssen auf das Kind achten und ihm helfen. Außerdem sollen Kinder im Gefängnis von Erwachsenen getrennt sein, weil sie anders behandelt werden müssen. Sie dürfen auch weiterhin mit ihrer Familie sprechen oder Briefe schreiben.

d) Hilfe und Recht: Jedes Kind, das ins Gefängnis kommt, hat das Recht, sofort einen Anwalt oder eine Person zu bekommen, die ihm hilft. Das Kind kann auch sagen, dass es ungerecht behandelt wurde, und das Gericht muss sich das anschauen und schnell entscheiden.

Dieser Artikel stellt also sicher, dass Kinder immer geschützt werden, auch wenn sie mal etwas falsch gemacht haben!

Artikel 38: Schutz für Kinder im Krieg

Manchmal gibt es auf der Welt leider Kriege oder Kämpfe. Das ist etwas ganz Schlimmes, und Kinder müssen dabei besonders geschützt werden. In diesem Artikel geht es darum, wie Kinder in solchen Situationen geschützt werden.

(1) Wichtige Regeln im Krieg beachten: Alle Länder haben bestimmte Regeln, die im Krieg gelten. Diese Regeln sagen, dass Kinder in solchen schlimmen Situationen besonders geschützt werden müssen. Jedes Land, das sich an diese Regeln hält, sorgt dafür, dass Kinder nicht verletzt werden und ihnen geholfen wird.

(2) Kinder sollen nicht kämpfen müssen: Ein Kind, das noch nicht 15 Jahre alt ist, darf auf keinen Fall bei einem Krieg oder Kampf mitmachen. Alle Länder müssen aufpassen, dass so etwas nicht passiert.

(3) Kinder nicht als Soldaten einziehen: Wenn es Länder gibt, die Soldaten brauchen, dürfen sie keine Kinder unter 15 Jahren mitmachen lassen. Wenn jemand zwischen 15 und 18 Jahre alt ist, sollen die Länder versuchen, erst die Älteren zu nehmen. Aber auch das ist nicht gut, denn Kinder sollen nicht in den Krieg.

(4) Kinder im Krieg beschützen: Wenn es in einem Land einen Krieg gibt, müssen die Länder alles tun, um die Kinder, die dort leben, zu beschützen. Sie müssen dafür sorgen, dass es den Kindern gut geht, dass sie in Sicherheit sind und versorgt werden.

Das heißt also: Kinder sollen nie in einen Krieg hineingezogen werden, und wenn doch mal ein Krieg passiert, müssen die Erwachsenen alles tun, um die Kinder zu schützen und ihnen zu helfen!

Artikel 39: Gesund werden und wieder gut in die Gemeinschaft kommen

Manchmal passieren schlimme Dinge, die Kinder verletzen oder sie traurig machen. Das kann durch Misshandlung, Vernachlässigung oder sogar durch Kriege geschehen. In diesem Artikel geht es darum, wie wir diesen Kindern helfen können, wieder gesund zu werden und sich wohlzufühlen.

Die Länder müssen alles tun, um diesen Kindern zu helfen. Hier sind die wichtigsten Punkte:

Wenn ein Kind verletzt wurde oder seelisch leidet, braucht es Hilfe, um wieder gesund zu werden. Das bedeutet, dass das Kind ärztliche Unterstützung bekommt, wenn es körperliche Probleme hat, und auch Gespräche führen kann, wenn es innerlich traurig oder ängstlich ist. Es ist wichtig, dass das Kind sich sicher fühlt und gut versorgt wird.

Es ist nicht nur wichtig, dass das Kind körperlich gesund wird, sondern auch, dass es sich wieder gut in die Gemeinschaft eingliedern kann. Das bedeutet, dass es wieder zur Schule gehen, mit Freunden spielen und an verschiedenen Aktivitäten teilnehmen kann. Die Erwachsenen müssen dafür sorgen, dass das Kind wieder ein normales Leben führen kann, wie andere Kinder auch.

Damit die Genesung und die Rückkehr ins normale Leben gut funktionieren, brauchen die Kinder eine Umgebung, die ihnen hilft. Das heißt, sie sollten sich an einem Ort befinden, wo sie sich wohlfühlen, wo sie liebevoll behandelt werden und wo sie die Zeit haben, sich zu erholen. Es ist wichtig, dass sie sich selbst respektiert fühlen und dass sie wieder stolz auf sich sein können.

Zusammengefasst heißt das: Wenn ein Kind etwas Schlimmes erlebt hat, muss alles dafür getan werden, dass es wieder gesund wird und sich in seiner Umgebung wohlfühlt. Es ist wichtig, dass die Kinder wissen, dass sie geliebt werden und dass man ihnen hilft, wieder glücklich zu sein!

Artikel 40: Wie man mit Kindern umgeht, die etwas Falsches gemacht haben

Wenn Kinder etwas Falsches tun oder etwas Falsches vorgeworfen bekommen, ist es wichtig, dass sie fair und freundlich behandelt werden. In diesem Artikel geht es darum, wie Kinder in solchen Situationen behandelt werden sollten. Lass uns das genauer anschauen:

(1) Jedes Kind hat wichtige Rechte! Wenn ein Kind beschuldigt wird, etwas Falsches getan zu haben, ist es wichtig, dass alle Erwachsenen nett und fair mit ihm umgehen. Sie müssen darauf achten, dass das Kind sich gut fühlt und weiß, dass es wertvoll ist. Außerdem sollten die Erwachsenen helfen, damit das Kind wieder gut in die Gesellschaft zurückfindet, damit es einen schönen Platz im Leben hat und etwas Gutes tun kann.

(2) Wenn ein Kind beschuldigt wird, etwas Falsches getan zu haben, gibt es Regeln, die beachtet werden müssen:

a) Ein Kind darf nicht bestraft werden, wenn das, was es getan hat, damals nicht verboten war. Das bedeutet, dass man ihm nicht sagen kann, dass es etwas Schlechtes gemacht hat, wenn das, was es gemacht hat, zu der Zeit nicht gegen die Regeln war.

b) Das Kind hat das Recht auf Hilfe und Unterstützung. Wenn jemand sagt, dass ein Kind etwas Falsches getan hat, muss es schnell erfahren, was genau ihm vorgeworfen wird. Seine Eltern oder jemand, der ihm hilft, sollten dabei sein. Es muss auch jemanden haben, der ihm erklärt, wie es sich verteidigen kann.

i) Bis man ihm das Gegenteil beweist, ist das Kind unschuldig. Das bedeutet, dass alle denken müssen, dass das Kind nichts falsch gemacht hat, bis jemand beweisen kann, dass es nicht so ist.

ii) Das Kind muss sofort sagen, was ihm vorgeworfen wird. Seine Eltern oder ein anderer Erwachsener, dem es vertraut, sollten ihm helfen, das zu verstehen.

iii) Das Kind hat das Recht, dass die Entscheidung über seine Taten von einer fairen und netten Gruppe getroffen wird. Es muss sicher sein, dass die Erwachsenen, die entscheiden, nicht gemein oder unfair sind. Es sollte auch mit seinen Eltern oder einem anderen vertrauenswürdigen Erwachsenen zusammen sein, wenn es geht.

iv) Das Kind muss nicht gezwungen werden, gegen sich selbst auszusagen. Es kann auch Fragen stellen und andere Menschen befragen, die ihm helfen können.

v) Wenn das Kind für etwas bestraft wird, kann es um Hilfe bitten, um zu sehen, ob die Entscheidung richtig war. Eine andere Gruppe muss sich die Entscheidung noch einmal ansehen, um sicherzustellen, dass alles gut und fair war.

vi) Wenn das Kind die Sprache nicht versteht, hat es das Recht, jemanden zu bekommen, der helfen kann, die Worte zu übersetzen. So kann es alles gut verstehen.

vii) Das Privatleben des Kindes muss respektiert werden. Das heißt, dass niemand einfach so über das Kind reden darf, ohne dass es dabei sein möchte.

(3) Die Erwachsenen müssen auch dafür sorgen, dass es spezielle Regeln und Orte für Kinder gibt. Zum Beispiel:

a) Es muss festgelegt werden, wie alt ein Kind sein muss, um für seine Taten verantwortlich gemacht zu werden.

b) Wenn es möglich ist, sollten die Erwachsenen versuchen, Probleme zu lösen, ohne vor Gericht zu gehen. Dabei müssen sie aber immer die Rechte des Kindes respektieren.

(4) Um sicherzustellen, dass Kinder gut behandelt werden, gibt es viele verschiedene Möglichkeiten, wie man helfen kann. Das können zum Beispiel besondere Programme sein, wo sie betreut werden, oder wo sie lernen können, sich gut zu verhalten. Es ist wichtig, dass alles, was gemacht wird, dem Kind hilft, wieder glücklich zu sein und es in die richtige Richtung führt.

Artikel 41: Noch bessere Regeln für Kinder

Hey, weißt du was? Es gibt viele wichtige Regeln, die dafür sorgen, dass Kinder gut behandelt werden. Dieser Artikel sagt etwas ganz Besonderes über diese Regeln.

(a) Es gibt manchmal noch bessere Regeln für Kinder. Manchmal haben Länder ihre eigenen Gesetze, die sogar noch mehr für Kinder tun, als das, was wir hier besprechen. Das bedeutet, dass die Gesetze in einem Land auch die Rechte der Kinder unterstützen können, noch besser als die Regeln, die wir hier im großen Übereinkommen aufgeschrieben haben.

(b) Das gilt auch für andere wichtige internationale Regeln. Manchmal gibt es Regeln, die in anderen Ländern oder in der Welt gemacht wurden, die auch sehr gut sind und die Kinder noch besser schützen können. Diese Regeln gelten ebenfalls.

Also, wenn ein Land also eigene Gesetze hat, die Kinder noch mehr helfen, dann sind diese Gesetze immer wichtig und müssen auch beachtet werden. Es ist so, als ob es für Kinder ein zusätzliches Geschenk gibt, das sie noch besser beschützt!

Teil II

Artikel 42: Alle sollen es wissen!

Hey, du weißt ja, dass es viele wichtige Regeln gibt, die dafür sorgen, dass Kinder gut behandelt werden, oder? Dieser Artikel sagt, dass die Länder eine besondere Aufgabe haben.

Die Länder müssen allen von diesen Regeln erzählen. Das bedeutet, dass die Erwachsenen in den Ländern dafür sorgen müssen, dass die Menschen, die Kinder und auch die Kinder selbst wissen, welche Rechte sie haben. Es ist wie bei einem großen Geheimnis, das jeder kennen sollte! Wenn die Leute wissen, welche Regeln es gibt, können sie besser dafür sorgen, dass die Kinder gut behandelt werden.

Also, in diesem Artikel steht, dass es die Aufgabe der Länder ist, dafür zu sorgen, dass alle – Erwachsene und Kinder – Bescheid wissen, was in diesem besonderen Übereinkommen steht. Damit alle Kinder die Unterstützung bekommen, die sie brauchen!

Artikel 43: Ein besonderer Ausschuss für die Rechte der Kinder

Hey, weißt du, wie wichtig es ist, dass Kinder gut behandelt werden? Damit das auch wirklich passiert, gibt es einen besonderen Ausschuss. Lass uns mal schauen, was das genau bedeutet!

(1) Der Ausschuss ist eine Gruppe von Experten. Dieser Ausschuss wird gegründet, um zu prüfen, wie gut die Länder ihre Versprechen einhalten, die Rechte der Kinder zu schützen. Er schaut also, ob alles gut läuft und ob die Kinder die Rechte bekommen, die ihnen zustehen.

(2) Wer gehört zum Ausschuss? Der Ausschuss besteht aus zehn klugen Menschen, die viel über die Rechte der Kinder wissen. Diese Leute sind sehr respektiert und kennen sich mit den Themen gut aus. Die Länder wählen diese Mitglieder aus, und es ist wichtig, dass viele verschiedene Länder und Rechtssysteme vertreten sind.

(3) Wie werden die Mitglieder gewählt? Die Menschen, die im Ausschuss sitzen, werden aus einer Liste gewählt, die die Länder aufstellen. Jedes Land kann eine Person vorschlagen, die dann für den Ausschuss gewählt werden kann. Die Wahl ist geheim, das heißt, niemand muss sagen, für wen er stimmt.

(4) Wann finden die Wahlen statt? Die Wahlen für den Ausschuss geschehen zum ersten Mal, nachdem das Abkommen in Kraft tritt, und danach alle zwei Jahre wieder. Bevor die Wahlen stattfinden, erinnert der Generalsekretär der Vereinten Nationen die Länder daran, ihre Vorschläge abzugeben.

(5) Wie funktioniert die Wahl? Die Wahlen werden am Sitz der Vereinten Nationen durchgeführt. Wenn zwei Drittel der Länder da sind, können sie wählen. Die Menschen, die die meisten Stimmen bekommen, kommen in den Ausschuss.

(6) Wie lange bleiben die Mitglieder im Ausschuss? Jedes Mitglied wird für vier Jahre gewählt. Wenn sie gut arbeiten, können sie wieder gewählt werden. Bei der ersten Wahl gibt es eine

Besonderheit: Fünf Mitglieder müssen nach zwei Jahren ausscheiden, und das wird durch Los entschieden.

(7) Was passiert, wenn jemand nicht mehr im Ausschuss sein kann? Wenn ein Mitglied des Ausschusses nicht mehr teilnehmen kann, weil es beispielsweise krank ist oder aufhört, dann wählt das Land, das diese Person vorgeschlagen hat, jemanden Neuen, der für den Rest der Zeit im Ausschuss bleibt.

(8) Der Ausschuss hat Regeln. Der Ausschuss kann selbst entscheiden, wie er arbeiten möchte, also hat er eine eigene Geschäftsordnung, die beschreibt, wie alles abläuft.

(9) Wer führt den Ausschuss? Der Ausschuss wählt auch einen Vorstand, der zwei Jahre lang die Arbeit leitet.

(10) Wo trifft sich der Ausschuss? Die Treffen finden meistens am Sitz der Vereinten Nationen statt, aber sie können auch an anderen Orten sein. Der Ausschuss kommt in der Regel einmal im Jahr zusammen, und die Dauer der Treffen wird von den Ländern beschlossen.

(11) Hilfe für den Ausschuss. Der Generalsekretär der Vereinten Nationen sorgt dafür, dass der Ausschuss die Hilfe und die Sachen hat, die er braucht, um gut arbeiten zu können.

(12) Die Mitglieder bekommen ein Gehalt. Die Menschen, die im Ausschuss sind, bekommen Geld für ihre Arbeit, das von den Vereinten Nationen kommt. Aber dafür müssen die Bedingungen von der Generalversammlung beschlossen werden.

Das ist also, was in Artikel 43 steht! Es geht darum, dass es einen besonderen Ausschuss gibt, der aufpasst, dass die Rechte der Kinder wirklich eingehalten werden, und dass die Länder zusammenarbeiten, um das Beste für die Kinder zu erreichen!

Artikel 44: Das Abgeben von Berichten

Okay, lass uns jetzt über Artikel 44 sprechen. Dieser Artikel sagt, dass Länder, die versprochen haben, die Rechte der Kinder zu schützen, auch etwas Wichtiges tun müssen: Sie müssen Berichte abgeben. Lass mich dir das Schritt für Schritt erklären.

(1) Die Länder, die diesen Artikel unterschrieben haben, müssen dem Ausschuss, das ist eine Gruppe von Leuten, die auf die Rechte der Kinder aufpassen, einen Bericht schicken. Sie schicken diesen Bericht über den Generalsekretär der Vereinten Nationen, das ist eine wichtige Person, die viele Länder verbindet. In diesem Bericht müssen die Länder erzählen, was sie getan haben, um die Rechte der Kinder, die in diesem besonderen Übereinkommen stehen, zu verwirklichen. Sie müssen auch erzählen, wie viel Fortschritt sie gemacht haben.

a) Wenn ein Land das Übereinkommen zum ersten Mal unterschreibt, hat es zwei Jahre Zeit, um seinen ersten Bericht zu schicken.

b) Danach müssen sie alle fünf Jahre einen neuen Bericht abgeben. Das ist so, als würde man alle paar Jahre einen Freund fragen, wie es ihm geht, damit man immer weiß, ob er glücklich ist und ob es ihm gut geht.

(2) In diesen Berichten müssen die Länder auch erzählen, wenn es Probleme gibt. Manchmal können Dinge schwierig sein, und das ist okay, aber sie müssen es erklären. Zum Beispiel, wenn ein Land nicht genug Geld hat, um Schulen für Kinder zu bauen, müssen sie das im Bericht sagen. Sie müssen auch genügend Informationen geben, damit der Ausschuss versteht, wie es den Kindern in ihrem Land geht und ob die Rechte, die sie schützen sollen, wirklich beachtet werden.

(3) Wenn ein Land seinen ersten Bericht geschickt hat, muss es in den nächsten Berichten nicht alles wiederholen, was es schon gesagt hat. Das ist so, als wenn du in einem Aufsatz über dein Lieblingsspiel schreibst und dann im nächsten Aufsatz nicht

nochmal das gleiche schreiben musst, sondern einfach neue Dinge erzählen kannst, die du erlebt hast. Das spart Zeit und macht es einfacher!

(4) Manchmal kann der Ausschuss die Länder nach mehr Informationen fragen. Wenn sie noch etwas nicht ganz verstehen oder wenn sie mehr Details brauchen, können sie nachfragen. Das ist wie wenn du in der Schule einen Lehrer fragst, ob er dir etwas noch einmal erklären kann, weil du es nicht ganz verstanden hast.

(5) Der Ausschuss, der all diese Berichte erhält, muss auch regelmäßig einen Bericht an die Generalversammlung der Vereinten Nationen schicken. Das passiert alle zwei Jahre. In diesem Bericht erzählen sie, was sie gemacht haben, um die Rechte der Kinder in allen Ländern zu schützen und zu fördern. So können alle Länder sehen, wie gut oder schlecht es läuft.

(6) Und schließlich müssen die Länder dafür sorgen, dass ihre Berichte im eigenen Land bekannt gemacht werden. Das bedeutet, sie sollen den Menschen dort erzählen, was sie tun, um die Rechte der Kinder zu schützen. Wenn die Eltern, Lehrer und alle anderen wissen, was das Land tut, können sie auch helfen, dass es den Kindern besser geht.

Insgesamt hilft dieser Artikel sicherzustellen, dass alle Länder sich an die Regeln halten und regelmäßig berichten, wie sie sich um die Kinder kümmern. Es ist wichtig, dass alle Kinder sicher und glücklich aufwachsen können!

Artikel 45: Mitwirkung anderer Organe der Vereinten Nationen

Jetzt möchte ich dir etwas über Artikel 45 erzählen. Dieser Artikel spricht darüber, wie verschiedene wichtige Gruppen und Organisationen der Vereinten Nationen (UN) zusammenarbeiten, um sicherzustellen, dass die Rechte der Kinder gut geschützt werden. Stell dir vor, wir sind in einem großen Team, und jeder hat eine spezielle Aufgabe, um sicherzustellen, dass alles gut läuft. Lass uns das Schritt für Schritt anschauen.

a) In diesem ersten Punkt steht, dass bestimmte Organisationen, die sich um Kinder kümmern, das Recht haben, an Gesprächen über die Umsetzung der Kinderrechte teilzunehmen. Das bedeutet, dass Organisationen wie das Kinderhilfswerk der Vereinten Nationen (UNICEF) und andere Gruppen, die sich mit den Rechten der Kinder beschäftigen, eingeladen werden, um ihre Meinungen und Ideen zu teilen. Wenn der Ausschuss, also die Gruppe von Menschen, die die Kinderrechte überwacht, denkt, dass es hilfreich wäre, können sie diese Organisationen um Rat fragen. Das ist ein bisschen so, als würde man einen Lehrer um Hilfe bitten, wenn man etwas nicht versteht.

b) Hier steht, dass der Ausschuss auch den Organisationen Berichte über die Länder schickt, wenn er denkt, dass diese Organisationen helfen können. Diese Berichte erzählen, was die Länder getan haben, um die Rechte der Kinder zu schützen, und wenn ein Land Hilfe oder Beratung benötigt. Der Ausschuss fügt auch seine eigenen Gedanken und Vorschläge zu diesen Berichten hinzu, damit die Organisationen besser verstehen, wie sie helfen können. Das ist ein bisschen so, als würde man einen Freund um Rat fragen, wenn man bei einem Problem nicht weiter weiß.

c) In diesem Punkt wird erklärt, dass der Ausschuss der Generalversammlung (das ist eine große Versammlung, in der viele Länder zusammenkommen) vorschlagen kann, dass der Generalsekretär, also eine wichtige Person in den Vereinten Nationen, Untersuchungen zu bestimmten Themen über die Rechte der Kinder durchführen soll. Das bedeutet, dass, wenn es Fragen oder Probleme gibt, die geklärt werden müssen, der Ausschuss helfen kann, diese Fragen zu untersuchen. So können alle besser verstehen, was für die Kinder wichtig ist. Es ist, als würde man einen Detektiv bitten, einen Fall zu lösen, um mehr über ein Problem herauszufinden.

d) Der letzte Punkt sagt, dass der Ausschuss aufgrund der Informationen, die er aus den Berichten der Länder und von anderen Organisationen erhalten hat, Vorschläge und Empfehlungen machen kann. Diese Vorschläge sind Ideen, wie die Länder die Rechte der Kinder besser schützen können. Der Ausschuss wird diese Vorschläge den Ländern zuschicken und auch der Generalversammlung, damit alle darüber Bescheid wissen und vielleicht etwas ändern können, um den Kindern zu helfen. Das ist wie in der Schule, wenn ein Lehrer Vorschläge macht, wie man den Unterricht verbessern kann.

Zusammenfassend geht es in Artikel 45 darum, wie verschiedene Organisationen und Gruppen der Vereinten Nationen zusammenarbeiten, um sicherzustellen, dass die Rechte der Kinder geschützt werden. Jeder hat eine wichtige Rolle und kann helfen, die Kinderrechte besser umzusetzen. Es ist eine Teamarbeit, die dazu beiträgt, dass Kinder auf der ganzen Welt ein besseres Leben führen können!

Teil III

Artikel 46: Unterzeichnung

Jetzt möchte ich dir etwas über Artikel 46 erzählen. Das klingt vielleicht ein bisschen kompliziert, aber ich werde es dir einfach erklären. Also, hör gut zu!

Dieser Artikel spricht darüber, wie Länder auf der ganzen Welt etwas ganz Wichtiges tun können, und zwar die „Unterzeichnung" eines speziellen Abkommens. Aber was bedeutet das eigentlich?

Stell dir vor, du hast ein tolles neues Spiel, das du mit deinen Freunden spielen möchtest. Damit ihr alle zusammen spielen könnt, müsst ihr euch darauf einigen, die Regeln zu befolgen. Ihr könnte vielleicht sogar alle eure Namen auf einen Zettel schreiben, um zu zeigen, dass ihr dabei seid. So ähnlich ist das auch mit den Ländern und diesem Übereinkommen, das die Rechte der Kinder schützt.

Wenn ein Land beschließt, dieses Übereinkommen zu unterzeichnen, dann sagen sie damit: „Ja, wir finden das wichtig! Wir möchten, dass die Rechte der Kinder in unserem Land geschützt werden." Das ist ein großer Schritt, weil das bedeutet, dass sie sich verpflichten, die Regeln und Ideen in diesem Abkommen zu beachten.

Jedes Land hat die Möglichkeit, zu sagen, dass es mitmachen möchte. Es ist so, als ob jedes Land eine Einladung zu einer großen Party bekommt, bei der alle zusammenarbeiten, um die Kinder zu unterstützen und ihnen zu helfen. Die Länder, die unterzeichnen, zeigen, dass sie an die wichtigen Dinge glauben, die in diesem Übereinkommen stehen.

Es ist wichtig zu wissen, dass die Unterzeichnung nicht bedeutet, dass die Länder sofort alles umsetzen. Es ist eher wie ein Versprechen, dass sie versuchen werden, sich an die Regeln zu halten und sich um die Rechte der Kinder zu kümmern. Wenn sie das machen, können sie auch anderen Ländern zeigen, wie wichtig es ist, dass Kinder gut behandelt werden.

Zusammengefasst: Artikel 46 sagt, dass alle Länder die Möglichkeit haben, ein ganz wichtiges Abkommen zu unterzeichnen, das die Rechte der Kinder schützt. Indem sie ihre Namen darauf setzen, zeigen sie, dass sie mitmachen und die Rechte der Kinder ernst nehmen wollen. Es ist ein bisschen so, als würden sie einen Vertrag unterzeichnen, um zu zeigen, dass sie sich für eine bessere Zukunft der Kinder einsetzen!

Artikel 47: Ratifikation

Jetzt möchte ich dir von Artikel 47 erzählen. Das klingt vielleicht ein bisschen schwierig, aber ich werde es dir einfach erklären. Also, hör gut zu!

In diesem Artikel geht es um etwas, das „Ratifikation" heißt. Das ist ein großes Wort, aber es bedeutet einfach, dass ein Land, das ein wichtiges Abkommen oder eine Vereinbarung unterzeichnet hat, noch einen Schritt weitergehen muss, um wirklich dafür zu sorgen, dass es auch alles tut, was es versprochen hat. Es ist wie ein zweiter Schritt nach dem ersten, den wir im vorherigen Artikel, der „Unterzeichnung", besprochen haben.

Stell dir vor, du hast ein neues Spielzeug, das du unbedingt haben möchtest. Zuerst sagst du: „Ja, ich möchte es haben!" Das ist wie die Unterzeichnung. Aber dann musst du vielleicht auch deinem Eltern sagen, dass du wirklich möchtest, dass sie dir das Spielzeug kaufen. Das ist wie die Ratifikation. Es bedeutet, dass du sicherstellen willst, dass es wirklich passiert.

Wenn ein Land dieses Übereinkommen unterzeichnet hat, muss es also auch „ratifizieren". Das heißt, sie müssen sich in ihrem Land entscheiden, dass sie wirklich damit einverstanden sind und dass sie alles tun wollen, um die Regeln in diesem Abkommen zu befolgen. Es kann sein, dass sie dafür in ihrem Land eine Besprechung haben oder darüber abstimmen müssen, damit alle einverstanden sind.

Nachdem das Land beschlossen hat, das Abkommen zu ratifizieren, muss es eine besondere „Ratifikationsurkunde" ausfüllen. Das ist ein bisschen wie ein offizielles Dokument, das zeigt, dass das Land nun wirklich mit dabei ist. Und diese Urkunde wird dann zum „Generalsekretär der Vereinten Nationen" gebracht. Das ist wie eine wichtige Person, die dafür sorgt, dass alle Länder die Abkommen gut verwalten.

Wenn die Ratifikationsurkunde bei ihm angekommen ist, wird das Land als offizielles Mitglied dieses Abkommens anerkannt. Jetzt ist es also nicht mehr nur ein „Ich möchte mitmachen", sondern es ist ein „Ich bin jetzt wirklich dabei und werde mein Bestes tun, um die Rechte der Kinder zu schützen!"

Zusammengefasst: Artikel 47 sagt, dass ein Land, das ein wichtiges Abkommen unterzeichnet hat, einen weiteren Schritt machen muss, um wirklich dafür zu sorgen, dass es alles tut, was es versprochen hat. Das nennt man „Ratifikation". Das Land füllt eine besondere Urkunde aus und gibt sie an den Generalsekretär der Vereinten Nationen. Wenn das passiert, ist das Land offiziell dabei und verpflichtet sich, die Rechte der Kinder zu achten!

Artikel 48: Beitritt

Hallo! Heute sprechen wir über Artikel 48. Das klingt vielleicht wieder ein bisschen kompliziert, aber keine Sorge, ich erkläre es dir einfach!

In diesem Artikel geht es um etwas, das „Beitritt" heißt. Das bedeutet, dass Länder, die das Abkommen noch nicht unterzeichnet haben, die Möglichkeit haben, auch mitzumachen. Stell dir vor, du spielst ein Spiel mit deinen Freunden und jemand möchte später auch mitspielen. Wenn dieser Freund in die Gruppe kommt, sagen wir, er „tritt bei"! Genau so funktioniert das auch bei diesem Artikel!

Wenn ein Land also sieht, dass das Übereinkommen wichtig ist und es möchte auch mitmachen, dann kann es das tun. Es muss nicht warten, bis es das Abkommen unterzeichnet hat, sondern kann einfach direkt „beitreten". Das ist so, als ob du sagst: „Ich möchte auch beim Spiel mitspielen, auch wenn ich nicht von Anfang an dabei war!"

Um diesem Abkommen beizutreten, muss das Land eine besondere Urkunde ausfüllen, die wir „Beitrittsurkunde" nennen. Das ist wie ein Dokument, das zeigt, dass das Land jetzt Teil des Abkommens sein möchte. Und wo geht diese Urkunde hin? Genau, sie wird beim „Generalsekretär der Vereinten Nationen" abgegeben. Das ist eine wichtige Person, die dafür sorgt, dass alles richtig läuft und dass alle Länder die Abkommen gut einhalten.

Wenn die Beitrittsurkunde beim Generalsekretär ankommt, wird das Land als neues Mitglied des Abkommens anerkannt. Jetzt ist es sozusagen „offiziell" dabei! Das bedeutet, dass das Land die Regeln und die Rechte, die im Abkommen stehen, ebenfalls respektieren und einhalten muss. Es möchte also auch sicherstellen, dass alle Kinder die Rechte haben, die ihnen zustehen.

Zusammengefasst: Artikel 48 sagt, dass jedes Land, das das Abkommen noch nicht unterzeichnet hat, die Möglichkeit hat, beizutreten. Wenn sie das möchten, füllen sie eine Beitrittsurkunde aus und geben sie an den Generalsekretär der Vereinten Nationen. Wenn alles in Ordnung ist, können sie auch mitmachen und sich dafür einsetzen, dass die Rechte der Kinder geschützt werden! Ist das nicht cool?

Artikel 49: Inkrafttreten

Hey du! Heute schauen wir uns Artikel 49 an, und ich erkläre dir, was „Inkrafttreten" bedeutet. Das klingt vielleicht ein bisschen kompliziert, aber keine Sorge, ich mache es einfach für dich!

Stell dir vor, du hast ein neues Spiel, und alle deine Freunde müssen zustimmen, um damit zu spielen. Wenn alle zugestimmt haben, dann kann das Spiel endlich beginnen. Genau so funktioniert es auch mit diesem Abkommen, über das wir sprechen!

In Artikel 49 steht, dass das Abkommen erst „in Kraft tritt", also gültig wird, wenn eine bestimmte Anzahl von Ländern „Ja" gesagt hat. Diese Anzahl ist zwanzig. Das bedeutet, dass mindestens zwanzig Länder das Abkommen unterzeichnen oder beitreten müssen. Wenn das passiert, passiert etwas ganz Besonderes: Am dreißigsten Tag nach dem letzten Land, das „Ja" gesagt hat, wird das Abkommen aktiv. Das ist so, als ob du und deine Freunde sich alle einigen, dass ihr jetzt endlich mit dem Spiel anfangen könnt, und zwar nach einem bestimmten Zeitpunkt.

(1) Das erste, was wir wissen müssen, ist also: Das Abkommen wird aktiv, wenn zwanzig Länder ihre „Ja"-Zettel, also ihre „Ratifikations- oder Beitrittsurkunden", beim Generalsekretär der Vereinten Nationen abgegeben haben. Und genau dreißig Tage nach dem Tag, an dem das zwanzigste Land sein „Ja" gegeben hat, fängt das Abkommen an, gültig zu sein. Das ist wie ein Countdown!

(2) Jetzt gibt es noch einen weiteren wichtigen Punkt, den wir beachten müssen. Wenn ein Land nach diesen zwanzig Ländern beschließt, auch mitzumachen und seine eigene Urkunde abgibt, wird das Abkommen für dieses Land ebenfalls am dreißigsten Tag nach dem Tag gültig, an dem es seine Urkunde abgegeben hat. Das bedeutet, dass auch neue Länder, die später beitreten, nicht sofort mitmachen können, sondern auch erst nach diesen dreißig Tagen.

Zusammengefasst: In Artikel 49 steht, dass das Abkommen erst dann gültig wird, wenn mindestens zwanzig Länder gesagt haben, dass sie mitmachen wollen. Und dann, genau dreißig Tage später, tritt es in Kraft. Wenn ein neues Land später beitritt oder das Abkommen unterzeichnet, muss es auch warten, bis dreißig Tage nach seiner eigenen Unterschrift vergangen sind, bevor es mitmachen kann. Ist das nicht spannend? So stellen wir sicher, dass alle Länder fair mitspielen!

Artikel 50: Änderungen

Hallo! Heute schauen wir uns Artikel 50 an, der etwas über Änderungen an einem wichtigen Abkommen erzählt. Das klingt vielleicht ein bisschen schwierig, aber ich werde es dir ganz einfach erklären!

Stell dir vor, du spielst ein Spiel mit deinen Freunden, und nach einer Weile habt ihr Ideen, wie ihr das Spiel noch besser machen könnt. Vielleicht denkt ihr euch neue Regeln aus oder sagt: „Hey, lass uns das und das anders machen!" Genau so funktioniert das auch mit dem Abkommen, über das wir sprechen.

Jetzt lass uns Schritt für Schritt anschauen, was in diesem Artikel steht:

(1) In diesem ersten Abschnitt erfahren wir, dass jeder Vertragsstaat —das sind die Länder, die sich an das Abkommen halten—die Möglichkeit hat, eine Änderung vorzuschlagen. Wenn ein Land denkt, dass es eine bessere Idee für das Abkommen gibt, kann es diese Idee beim Generalsekretär der Vereinten Nationen einreichen. Stell dir vor, das ist wie der Lehrer oder der Schiedsrichter in einem Spiel, der dafür sorgt, dass alles fair und ordentlich abläuft.

Sobald der Generalsekretär die Idee erhält, schickt er sie an alle anderen Vertragsstaaten. Er fragt sie, ob sie sich treffen möchten, um über diese neue Idee zu reden und abzustimmen. Wenn mindestens ein Drittel der Länder—das bedeutet, dass mehr als ein Drittel Ja sagen muss—sagt: „Ja, lass uns das besprechen!", dann organisiert der Generalsekretär eine Konferenz der Vertragsstaaten. Auf dieser Konferenz kommen alle Länder zusammen, um über die neuen Ideen zu diskutieren.

(2) Jetzt wird es spannend! Auf dieser Konferenz, wenn mehr als die Hälfte der Länder zustimmt, wird die Änderung der Generalversammlung der Vereinten Nationen vorgestellt. Das ist ein ganz wichtiges Gremium, in dem viele Länder vertreten sind, und das entscheidet über wichtige Themen.

Wenn die Generalversammlung die Änderung auch gutheißt und zwei Drittel der Vertragsstaaten zustimmen, dann tritt die Änderung in Kraft. Das bedeutet, dass die neuen Regeln für die Länder, die dafür gestimmt haben, gelten. Aber für die Länder, die nicht zustimmen, bleibt alles wie zuvor. Sie müssen sich weiterhin an die ursprünglichen Regeln und alle vorherigen Änderungen halten, die sie bereits angenommen haben.

(3) Hier in diesem Abschnitt lernen wir, dass, wenn eine Änderung in Kraft tritt, sie für die Vertragsstaaten, die zugestimmt haben, verbindlich ist. Das bedeutet, dass sie sich an die neuen Regeln halten müssen. Aber die Länder, die nicht zugestimmt haben, dürfen die alten Regeln weiterhin befolgen.

So funktioniert es also: Länder können ihre Ideen zur Verbesserung des Abkommens einbringen. Wenn genug Länder mitmachen wollen, findet eine Konferenz statt, und wenn die Mehrheit zustimmt, wird die Idee der Generalversammlung vorgelegt. Wenn auch die Generalversammlung zustimmt, wird die Änderung für die zustimmenden Länder verbindlich, während andere weiterhin die alten Regeln befolgen. So können alle Länder zusammenarbeiten, um das Abkommen besser zu machen und sicherzustellen, dass es für alle funktioniert!

Artikel 51: Vorbehalte

Hey, lass uns über einen wichtigen Teil des Abkommens sprechen! Manchmal haben Länder, die mitmachen wollen, ein bisschen Bedenken. Das bedeutet, sie denken, dass sie nicht mit allem einverstanden sind. Wenn ein Land sagt: „Ich mag das Abkommen, aber über das hier bin ich mir nicht sicher", nennt man das einen Vorbehalt.

(1) Wenn das passiert, muss dieses Land dem Generalsekretär der Vereinten Nationen Bescheid sagen. Der Generalsekretär ist wie ein Schiedsrichter, der darauf achtet, dass alle fair spielen. Nachdem er das gehört hat, erzählt er es auch den anderen Ländern, damit sie wissen, was los ist.

(2) Aber nicht alle Vorbehalte sind erlaubt. Stell dir vor, du spielst ein Spiel und jemand sagt: „Ich möchte eine Regel hinzufügen, die besagt, dass ich immer gewinne, egal was passiert." Das wäre nicht fair und würde das ganze Spiel kaputtmachen! So ist es auch mit den Vorbehalten. Wenn ein Land sagt, dass es nicht mit dem Ziel des Abkommens einverstanden ist – das heißt, es will etwas, das das Abkommen nicht erreichen will – dann kann es das nicht machen. Vorbehalte müssen also so sein, dass sie das Abkommen nicht durcheinanderbringen.

(3) Wenn ein Land aber seine Meinung ändert und denkt: „Weißt du was? Ich möchte meinen Vorbehalt jetzt nicht mehr haben!", kann es das jederzeit tun. Es muss nur eine Nachricht an den Generalsekretär schicken und sagen: „Ich nehme das zurück." Sobald der Generalsekretär diese Nachricht bekommt, informiert er alle anderen Länder. Das ist wichtig, damit jeder Bescheid weiß, dass sich etwas geändert hat. Ab dem Tag, an dem der Generalsekretär die Nachricht erhält, gilt das Land dann gleich wie die anderen, ohne den Vorbehalt. Das bedeutet, dass alle wieder die gleichen Regeln haben.

Zusammengefasst heißt das: Länder können ihre Gedanken zu dem Abkommen äußern und sagen, was sie denken, aber ihre Vorbehalte dürfen nicht die Ziele des Abkommens stören.

Außerdem können sie jederzeit ihre Vorbehalte zurücknehmen, wenn sie ihre Meinung ändern, und alle anderen Länder werden darüber informiert. So bleibt alles klar, und jeder weiß, wie es läuft!

Artikel 52: Kündigung

Jetzt lass uns über etwas sprechen, das Kündigung heißt. Stell dir vor, ein Land hat sich entschieden, bei einem großen Spiel mitzumachen, bei dem alle Länder zusammenarbeiten, um die Rechte der Kinder zu schützen. Aber manchmal denken die Länder: „Hmm, vielleicht möchten wir nicht mehr mitspielen." Das ist in Ordnung, aber sie müssen es richtig machen.

Wenn ein Land nicht mehr Teil des Abkommens sein möchte, muss es dem Generalsekretär der Vereinten Nationen einen Brief schreiben. Der Generalsekretär ist wie der Lehrer im Klassenzimmer, der dafür sorgt, dass alle Regeln beachtet werden und alle fair behandelt werden. In diesem Brief sagt das Land dann so etwas wie: „Ich möchte nicht mehr bei diesem Abkommen mitmachen." Es ist wichtig, dass sie das schriftlich machen, also auf Papier, damit es einen klaren Nachweis gibt.

Jetzt kommt der spannende Teil! Nachdem der Generalsekretär diesen Brief erhalten hat, dauert es ein ganzes Jahr, bis die Kündigung tatsächlich wirksam wird. Das bedeutet, dass das Land noch ein Jahr lang Teil des Abkommens bleibt, auch wenn es gesagt hat, dass es nicht mehr mitspielen möchte. Während dieses Jahres können die Menschen in diesem Land weiterhin von den Vorteilen des Abkommens profitieren, so wie beim Spielen in einem Team, wo man noch eine Weile zusammen spielt, auch wenn man nicht mehr im selben Team sein will.

Also, um es einfach zu sagen: Wenn ein Land beschließt, nicht mehr Teil des Abkommens zu sein, muss es einen Brief an den Generalsekretär schreiben. Und dann dauert es ein ganzes Jahr, bis die Kündigung wirksam wird. So haben die Länder Zeit, ihre Entscheidung zu überdenken und vielleicht sogar zu sehen, wie wichtig das Abkommen für sie und die Kinder in ihrem Land ist. Es ist immer gut, über wichtige Entscheidungen nachzudenken, bevor man handelt!

Artikel 53: Verwahrung

Jetzt möchte ich dir etwas über den Verwahrer erzählen. Das klingt vielleicht ein bisschen komisch, aber es ist wirklich wichtig! Stell dir vor, du hast eine tolle Sammlung von Spielen oder Spielzeug, und du möchtest sicherstellen, dass sie in gutem Zustand bleiben und niemand sie kaputt macht. Das ist die Aufgabe eines Verwahrers.

Im Fall dieses Abkommens, das wir besprechen, wird der Generalsekretär der Vereinten Nationen zum Verwahrer ernannt. Das bedeutet, dass er oder sie dafür verantwortlich ist, das Abkommen sicher aufzubewahren und darauf aufzupassen. Es ist so, als ob der Generalsekretär der Lehrer in der Schule ist, der darauf achtet, dass alle Regeln befolgt werden und dass alles ordentlich bleibt.

Der Generalsekretär hat die Aufgabe, sicherzustellen, dass alle Länder, die mit dem Abkommen einverstanden sind, auch wirklich daran festhalten und wissen, was das Abkommen bedeutet. Das ist wichtig, damit alle Kinder auf der Welt die Rechte haben, die in diesem Abkommen festgelegt sind. Wenn alle Länder wissen, dass der Generalsekretär aufpasst, fühlen sie sich sicherer und mehr bereit, die Regeln zu befolgen.

Wenn es also Neuigkeiten oder Veränderungen im Abkommen gibt, ist der Generalsekretär auch dafür verantwortlich, diese Informationen an alle Länder weiterzugeben. So können alle Bescheid wissen und verstehen, was sich geändert hat. Das ist ein bisschen so, als wenn ein Lehrer eine wichtige Ankündigung macht, damit alle Schüler gut informiert sind.

Zusammengefasst: Der Generalsekretär der Vereinten Nationen ist wie der Aufpasser oder Lehrer für dieses wichtige Abkommen. Er oder sie sorgt dafür, dass alles sicher und ordentlich bleibt und dass alle Länder wissen, was sie tun müssen, um die Rechte der Kinder zu schützen. Das hilft dabei, eine bessere Welt für alle Kinder zu schaffen!

Artikel 54: Urschrift, verbindlicher Wortlaut

Heute reden wir über einen sehr wichtigen Punkt, der sich Urschrift nennt. Das ist ein großes Wort, oder? Aber es bedeutet einfach das allererste, wichtigste Dokument von etwas, das viele Menschen betrifft. Stell dir vor, du hast ein tolles Bild gemalt, und das ist das Originalbild. Es ist besonders und wird aufbewahrt, damit niemand es beschädigen kann.

Bei diesem Abkommen, das wir besprechen, gibt es auch eine Urschrift. Diese Urschrift ist das allererste und wichtigste Dokument, das zeigt, was in diesem Abkommen steht. Es erklärt die Rechte, die Kinder haben, und es ist für alle Länder wichtig, die damit einverstanden sind.

Aber hier ist das Interessante: Diese Urschrift gibt es in mehreren Sprachen! Das bedeutet, dass sie in Arabisch, Chinesisch, Englisch, Französisch, Russisch und Spanisch geschrieben ist. Das ist sehr gut, denn so können Menschen aus vielen verschiedenen Ländern und mit unterschiedlichen Sprachen verstehen, was in dem Abkommen steht. Es ist so, als ob du ein Buch in vielen verschiedenen Sprachen hättest, damit jeder lesen kann, was darin steht.

Jetzt fragst du dich vielleicht, wo die Urschrift aufbewahrt wird. Gute Frage! Sie wird beim Generalsekretär der Vereinten Nationen aufbewahrt. Das ist der wichtige Mensch, der auf alle Länder achtet und dafür sorgt, dass die Regeln befolgt werden. So wie ein Bibliothekar, der die Bücher in der Bibliothek ordentlich hält und darauf achtet, dass jeder das richtige Buch findet.

Wenn die Länder beschlossen haben, dass sie dieses Abkommen unterstützen wollen, haben sie etwas ganz Wichtiges gemacht: Sie haben das Abkommen unterschrieben! Das bedeutet, dass sie „Ja" dazu sagen und sich verpflichten, die Rechte der Kinder zu schützen. Die Menschen, die das Abkommen unterschreiben, sind spezielle Vertreter ihrer Regierungen, also Leute, die von den Ländern ausgewählt wurden, um zu sprechen und Entscheidungen zu treffen.

Zusammengefasst: Die Urschrift dieses Abkommens ist das wichtigste Dokument, das in vielen Sprachen geschrieben ist, damit jeder verstehen kann, was die Rechte der Kinder sind. Der Generalsekretär der Vereinten Nationen sorgt dafür, dass dieses Dokument sicher aufbewahrt wird. Und wenn die Länder es unterschreiben, zeigen sie, dass sie einverstanden sind und sich dafür einsetzen, dass die Rechte der Kinder respektiert werden. So wird die Welt ein besserer Ort für alle Kinder!

ENDE